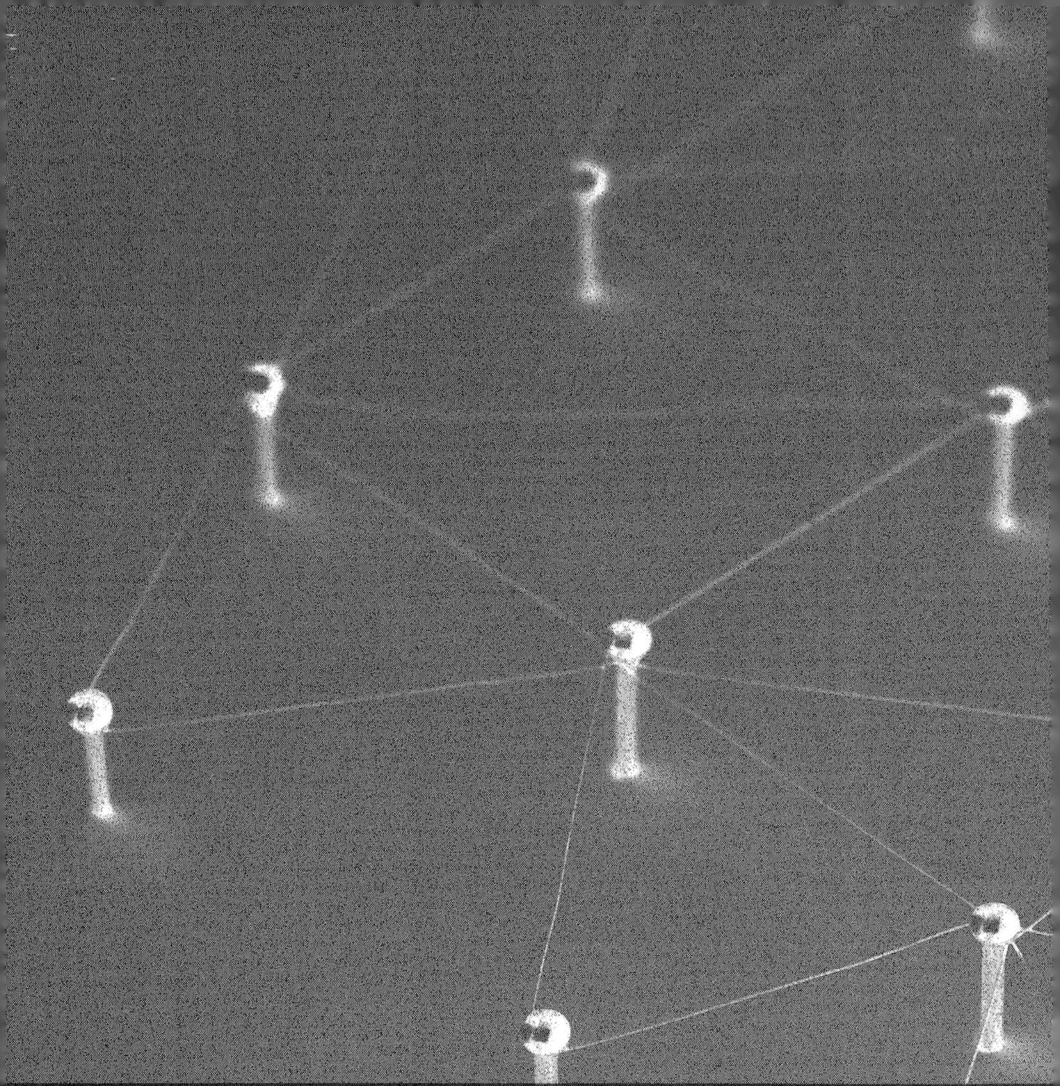

O selo DIALÓGICA da Editora InterSaberes faz referência às publicações que privilegiam uma linguagem na qual o autor dialoga com o leitor por meio de recursos textuais e visuais, o que torna o conteúdo muito mais dinâmico. São livros que criam um ambiente de interação com o leitor – seu universo cultural, social e de elaboração de conhecimentos –, possibilitando um real processo de interlocução para que a comunicação se efetive.

Geopolítica: do pensamento clássico aos conflitos contemporâneos
Augusto W. M. Teixeira Júnior

Rua Clara Vendramin, 58 • Mossunguê
CEP 81200-170 • Curitiba • PR • Brasil
Fone: (41) 2106-4170
www.intersaberes.com
editora@editoraintersaberes.com.br

conselho editorial • Dr. Ivo José Both (presidente)
Drª Elena Godoy
Dr. Nelson Luís Dias
Dr. Neri dos Santos
Dr. Ulf Gregor Baranow

editora-chefe • Lindsay Azambuja

supervisora editorial • Ariadne Nunes Wenger

analista editorial • Ariel Martins

capa • Luana Machado Amaro

ilustração da capa • William Ribeiro Amaro

projeto gráfico • Raphael Bernadelli

adaptação de projeto gráfico • Sílvio Gabriel Spannenberg

diagramação • LAB Prodigital

iconografia • Regina Claudia Cruz Prestes

Dado internacionais de Catalogação na Publicação (CIP)
(Câmara Brasileira do Livro, SP, Brasil)

• • •

Teixeira Júnior, Augusto W. M.
  Geopolítica: do pensamento clássico aos conflitos
contemporâneos/Augusto W. M. Teixeira Júnior. Curitiba:
InterSaberes, 2017.

  Bibliografia.
  ISBN 978-85-5972-336-6

  1. Geopolítica I. Título.

17-01520   CDD-320.12

• • •

Índices para catálogo sistemático:
1. Geopolítica 320.12

1ª edição, 2017.

Foi feito o depósito legal.

Informamos que é de inteira responsabilidade do autor a emissão de conceitos.

Nenhuma parte desta publicação poderá ser reproduzida por qualquer meio ou forma sem a prévia autorização da Editora InterSaberes.

A violação dos direitos autorais é crime estabelecido na Lei n. 9.610/1998 e punido pelo art. 184 do Código Penal.

Sumário

Dedicatória, vii

Agradecimentos, vix

Epígrafe, xi

Apresentação, xiii

Como aproveitar ao máximo este livro, xvii

capítulo um	Conceitos e fundamentos da geopolítica, 22
1.1	Relação entre espaço e poder, 24
1.2	Fundamentos da geopolítica, 35
capítulo dois	Teorias clássicas da geopolítica, 48
2.1	Introdução, 50
2.2	Fundamentos da geopolítica da Guerra Fria, 86
capítulo três	Geopolítica e geoestratégia, 98
3.1.	Conceito de *geoestratégia*, 100
3.2	Principais estudos geoestratégicos e a arte militar, 104

capítulo quatro   O papel da geopolítica nas relações internacionais, 138

    4.1   Geopolítica e relações internacionais, 140

    4.2   Geopolítica crítica, 157

capítulo cinco   Enfoques atuais de geopolítica ante a Nova Ordem Mundial, 166

    5.1   Geopolítica no pós-Guerra Fria, 168

    5.2   Estudo dos quadros de instabilidade mundial contemporâneos, 182

    5.3   Balanço do debate geopolítico no pós-Guerra Fria, 208

Estudo de caso, 217

Para concluir… 211

Referências, 223

Respostas, 231

Sobre o autor, 235

Dedicatória

À Priscila Hirotsu, minha centelha diária de inspiração.

Agradecimentos

Primeiramente, gostaria de agradecer à Editora InterSaberes pela oportunidade de escrever este livro. Não poderia deixar de mencionar a professora e doutoranda Andréa Benetti de Oliveira, fundamental para esta empreitada. Sem dúvida, escrever sobre geopolítica é um desafio, uma paixão e, acima de tudo, uma missão.

Não poderia deixar de agradecer aos meus inúmeros alunos – desde aqueles dos tempos em que lecionava a disciplina de Segurança Internacional, na Universidade Estadual da Paraíba (UFPB), até os do curso de Geopolítica e Segurança, em época recente –, que têm me mantido animado e em busca de atualização e aprimoramento constantes. Sou grato também aos meus amigos do Departamento de Relações Internacionais da UFPB, os quais, em conversas e ensinamentos, me ajudaram a maturar visões e análises apresentadas ao longo desta obra.

Igualmente, gostaria de agradecer aos amigos da Divisão de Cooperação do Ministério da Defesa, com os quais convivi por cerca de cinco anos, seja como palestrante de Cursos de Extensão em Defesa Nacional (CEDN), seja em Congressos Acadêmicos sobre Defesa Nacional (CADN). Durante esse período, pude compartilhar muitos conhecimentos e aprofundar-me em vários assuntos tratados ao longo destas páginas. A frutífera experiência do contato entre civis e militares é fundamental para um país tão carente de estudos em geopolítica e de uma mentalidade de defesa agora em construção.

Por último, mas não menos importante, agradeço à minha companheira, Priscila Hirotsu, e aos demais membros de minha família. Para concretizar a escrita deste volume, tive de manter-me ausente, limitado na alegria do convívio diário.

Epígrafe

Marche ou Crève

(Lema da Legião Estrangeira, França.)

Apresentação

Para que um novo manual de geopolítica? Por qual razão estudar geopolítica? Esta obra se justifica por retomar a produção do conhecimento e a divulgação científica para o público interessado em ciência geopolítica – produto de um longo processo de construção de um saber prático e acadêmico. Essas duas dimensões da disciplina (a prática e a acadêmica) resultaram na sua força como orientadora da ação do Estado e indispensável para compreender os dilemas estratégicos do Brasil e do mundo.

Embora as teses geopolíticas tenham caído em descrédito no pós-Segunda Guerra Mundial (1945) e no pós-Guerra Fria (1992), o mundo contemporâneo assiste àquilo que Robert Kaplan (2013) chama de *a vingança da geografia*. Para entender o mundo no qual habita e sobre o qual age, o internacionalista de hoje deve levar em conta que a geopolítica, seus conceitos e suas ideias retornaram, de forma expressiva, aos principais palcos da política internacional. Isso dito, afirmamos ser fundamental a retomada do estudo da geopolítica em cursos como Relações Internacionais, Direito, Ciências Sociais e Economia.

Este livro que você, leitor, tem em mãos apresenta um conjunto de objetivos gerais e específicos. Nosso principal objetivo consiste em oferecer-lhe um guia de estudos que seja claro na comunicação dos conteúdos, sem deixar de expor as complexidades dos temas abordados. Outro objetivo de caráter geral é despertar seu interesse e sua habilidade em geopolítica. Quanto aos objetivos específicos, listamos alguns:

- introduzir os principais fundamentos da geopolítica e suas teorias clássicas;
- aproximá-lo da conexão entre a geopolítica e a geoestratégia;
- expor as principais vertentes críticas e de contestação relativas à geopolítica;
- apresentar os principais enfoques da geopolítica diante da ordem mundial pós-Guerra Fria como base para o entendimento dos conflitos contemporâneos.

Como contextualização do tema *geopolítica*, podemos afirmar que as relações internacionais contemporâneas, em suas várias dimensões – da segurança ao direito internacional –, ocorrem em um mundo em constante transformação, em que locais, localidades, significados e escalas mudam rapidamente. Apesar de processos importantes serem favorecidos pelo constante desenvolvimento da tecnologia – globalização, mundialização, regionalização e diminuição das distâncias tempo-espaciais –, o espaço e as manifestações da natureza e da geografia persistem como aspectos perenes da realidade humana, imersos no meio e esculpidos pelo tempo. É nesse mundo, que exibe uma dialética entre a mudança dos homens e a perenidade do meio, que a geopolítica vem cumprindo um dos desígnios para o qual foi criada: **promover o controle político do espaço**.

Neste livro, adotamos várias estratégias didáticas. Cada capítulo corresponde a um conjunto de conteúdos específicos. Ao longo da obra, utilizamos diversos mapas e quadros informativos, que vão auxiliá-lo no estudo e no aprofundamento dos temas apresentados. Além disso, ao final de cada capítulo, há atividades de autoavaliação. Utilizamos exemplos históricos e a explanação de conceitos e teorias para proporcionar a você uma experiência pedagógica rica e instrutiva.

Este livro está organizado em cinco capítulos, abarcando temas que vão desde o nascimento da disciplina de Geopolítica até questões contemporâneas relacionadas à geopolítica e à geoestratégia. No Capítulo 1, abordamos os fundamentos da geopolítica, apresentando o histórico, os autores e os conceitos que permitirão a você entender com clareza as relações entre espaço e poder. Em seguida, desmostramos como a geopolítica adquire certa identidade em separado da geografia política, focando em autores e teorias que fazem a transição entre elas.

No Capítulo 2, discorremos sobre as principais teorias clássicas da geopolítica: teorias do poder marítimo, do poder terrestre e do Rimland. No final desse capítulo, você encontrará uma discussão que lhe permitirá entender como as teorias da geopolítica clássica influenciaram decisivamente o pensamento estratégico da Guerra Fria.

No Capítulo 3, apresentamos alguns dos principais debates sobre geopolítica e geoestratégia. Para possibilitar-lhe o contato com o pensamento estratégico que permeia esse debate, organizamos uma explanação sobre os mais importantes estudos geoestratégicos e a "arte militar".

No Capítulo 4, revelamos como o debate geopolítico dialogou com as teses sobre o imperialismo e, mais recentemente, com a globalização. Essa ponte entre escolas de pensamento, como o marxismo, é fundamental para que você entenda a emergência da geopolítica crítica.

No Capítulo 5, analisamos os principais enfoques da geopolítica ante a Nova Ordem Mundial, apresentando os debates do pós-Guerra Fria e como eles são sintomáticos do principal evento do último quarto do século XX: o colapso da União Soviética. O entendimento desse processo é essencial para o avanço na compreensão dos quadros de instabilidade mundial contemporâneos. Aqui, os debates da geopolítica vistos anteriormente retornam à cena, para que você possa compreender o complexo panorama geoestratégico atual. Encerramos esse capítulo apresentando um breve balanço sobre o debate geopolítico no pós-Guerra Fria. É bom frisar, no entanto, que esse balanço está em aberto.

Esperamos que, ao final desta obra, você possa contar com subsídios teóricos e conceituais para participar de debates e fazer seu balanço da geopolítica contemporânea.

Como aproveitar ao máximo este livro

Este livro traz alguns recursos que visam enriquecer seu aprendizado, facilitar a compreensão dos conteúdos e tornar a leitura mais dinâmica. São ferramentas projetadas de acordo com a natureza dos temas que vamos examinar. Veja a seguir como esses recursos se encontram distribuídos no decorrer desta obra.

Logo na abertura do capítulo, você fica conhecendo os conteúdos que serão nele abordados.

Você também é informado a respeito das competências que irá desenvolver e dos conhecimentos que irá adquirir com o estudo do capítulo.

Conteúdos do capítulo

- Ramos da geografia e o pensar o Estado.
- Surgimento da geografia política.
- Relação entre espaço e poder: conceitos.
- Fundamentos da geopolítica: Escolas Possibilista e Determinista.
- Geopolítica: entre ciência e ideologia.

Após o estudo deste capítulo, você será capaz de:

1. compreender o surgimento da geografia política e sua vinculação com a reflexão sobre Estado e território;
2. entender e utilizar analiticamente os conceitos que se articulam à questão do espaço e poder: território, fronteira, limites e zona de influência;
3. postular uma posição própria sobre o debate entre geografia política e geopolítica acerca do *status* de ciência da última com base no legado da Escola Determinista.

Para saber mais

CASTRO, T. de. **Geopolítica**: princípios, meios e fins. Rio de Janeiro: Biblioteca do Exército, 1999.

Uma das melhores obras gerais de geopolítica no Brasil, escrita pela importante geopolítica brasileira Therezinha de Castro. Esse livro não apenas apresenta vertentes importantes da geopolítica e da geoestratégia, como permite ao leitor uma aproximação com a geopolítica brasileira e temas caros ao debate nacional.

> Você pode consultar as obras indicadas nesta seção para aprofundar sua aprendizagem.

Síntese

Neste capítulo, apresentamos as principais etapas, debates e autores que nos possibilitam entender a evolução da geografia política para a geopolítica. Por meio da relação entre espaço e poder, abordamos conceitos basilares, como Estado, nação, território e fronteiras. Na sequência, analisamos as bases históricas do saber geográfico e sua articulação com as lutas humanas aos conflitos entre Estados. Além disso, examinamos as principais escolas da geografia política, de modo a perpassar conteúdos centrais ao entendimento dos fundamentos da geopolítica. Esperamos que, com base na leitura deste capítulo, você tenha conseguido distinguir os enfoques da geografia política dos da geopolítica e identificar seus principais debates compartilhados.

> Você dispõe, ao final do capítulo, de uma síntese que traz os principais conceitos nele abordados.

Questões para revisão

1. Friedrich Ratzel é considerado não apenas um dos pais da geografia política, mas também um dos primeiros a incorporar o Estado à análise geográfica. Sobre as sete leis do expansionismo, identifique a alternativa **incorreta**:

Questões para revisão

1. Apoiado nos escritos de Hobson, Lênin propôs uma importante teoria do imperialismo. Assinale a alternativa que relaciona a explicação do imperialismo de Lênin às ideias da geopolítica clássica:
   a. Avanços na tecnologia aumentam a probabilidade da guerra entre potências imperialistas.
   b. O capitalismo global e a questão da partilha colonial tornaram a guerra imperialista inevitável.
   c. A integração do mundo num sistema político fechado apontava para a configuração de um novo centro de poder.
   d. O imperialismo era a fase final do capitalismo, um mal a ser combatido por meio da revolução do proletariado.
   e. O capitalismo global e a questão da partilha colonial tornaram a guerra imperialista improvável.

2. A teoria do sistema-mundo de Wallerstein ajuda-nos a entender a distribuição espacial de poder e riqueza no capitalismo contemporâneo. Das opções a seguir, qual apresenta as principais categorias analíticas dessa teoria?
   a. Desenvolvidos, em desenvolvimento e subdesenvolvidos.
   b. Grande potência, potência média e pequena potência.
   c. Centro e periferia.
   d. Centro, semiperiferia e periferia.
   e. Metrópole, semicolônia e colônia.

3. Para Agnew, autor fundamental das relações internacionais, o Estado passa por diferentes modelos de "conjuntos mundiais". Qual modelo corresponde ao contexto atual?
   a. Campo de forças.
   b. Rede hierárquica.

> Com estas atividades, você tem a possibilidade de rever os principais conceitos analisados. Ao final do livro, o autor disponibiliza as respostas às questões, a fim de que você possa verificar como está sua aprendizagem.

Nesta seção, a proposta é levá-lo a refletir criticamente sobre alguns assuntos e trocar ideias e experiências com seus pares.

Nesta seção a autora convida você a realizar atividades práticas relacionadas ao conteúdo do capítulo, desafiando-o a transpor os limites da teoria.

Esta seção traz ao seu conhecimento situações que vão aproximar os conteúdos estudados de sua prática profissional.

Questões para reflexão

1. Pesquise sobre o processo de expansão da Otan desde o final da Guerra Fria até os dias atuais e responda: A Rússia está em uma ofensiva ou defensiva geopolítica? Justifique sua resposta.

2. Mesmo com a enorme interdependência econômica, comercial e financeira entre Estados Unidos e China, é possível afirmar que existe uma política de contenção a Pequim? Justifique sua resposta.

Mãos à obra

Após a libertação de Palmira (Síria) das "garras" do Estado Islâmico (EI), a cidade recebeu um concerto de música erudita em seu histórico anfiteatro da era romana. Realize uma pesquisa sobre esse tema e explique o significado desse evento para a geopolítica.

Estudo de caso

Política de contenção da Rússia no século XXI: um estudo de caso da operação Atlantic Resolve

Diferentemente do padrão defensivo e conciliador adotado por seus antecessores quanto à expansão da Organização do Tratado do Atlântico Norte (Otan) e à presença da Aliança Atlântica na antiga área de influência da União Soviética, desde o início dos anos 2000 o governo Putin articula reações mais enérgicas. Desde a Guerra da Geórgia (2008) até a anexação da Crimeia, a Rússia tem a intenção de frear o processo de contenção eurasiática contra si. Como resposta ao comportamento russo na região, o Presidente Obama autorizou o início da operação Atlantic Resolve, um dos mais relevantes reposicionamentos de forças militares da Aliança Atlântica na Europa do Leste. De acordo com o Departamento de Defesa dos Estados Unidos, o país estaria demonstrando aos aliados da Otan seu compromisso com a paz, a segurança e a estabilidade na Europa.

Com o propósito de frear o que chamam de *expansão russa*, os Estados Unidos planejavam enviar mais de 4 mil tropas e 2 mil carros de combate (tanques). Além disso, a 3ª Brigada da 4ª Divisão de Infantaria estava sendo enviada para as fronteiras da Rússia. Segundo o Global Research, esse processo seria um dos maiores

capítulo um

Conceitos e fundamentos da geopolítica

Conteúdos do capítulo

- Ramos da geografia e o pensar o Estado.
- Surgimento da geografia política.
- Relação entre espaço e poder: conceitos.
- Fundamentos da geopolítica: Escolas Possibilista e Determinista.
- Geopolítica: entre ciência e ideologia.

Após o estudo deste capítulo, você será capaz de:

1. compreender o surgimento da geografia política e sua vinculação com a reflexão sobre Estado e território;
2. entender e utilizar analiticamente os conceitos que se articulam à questão do espaço e poder: território, fronteira e limites;
3. postular uma posição própria sobre o debate entre geografia política e geopolítica acerca do *status* de ciência da última com base no legado da Escola Determinista.

Neste capítulo analisaremos conceitos e fundamentos da geopolítica. A relação entre **espaço** e **poder** será explorada com base na exposição do desenvolvimento da disciplina de Geografia até o aparecimento da ciência geopolítica. Para tal, apresentaremos o surgimento da ciência geográfica até o desenvolvimento da geografia política, enfatizando os principais autores responsáveis pela construção desse campo de conhecimento. Dessa forma, você terá um contato inicial com conceitos centrais da disciplina de Geopolítica, podendo diferenciá-la da geografia política. Em seguida, apresentaremos os fundamentos da geopolítica por meio do amadurecimento da Escola Determinista alemã.

1.1 *Relação entre espaço e poder*

Para entender geopolítica, precisamos ter um ponto de partida. A princípio, devemos perguntar: de onde essa forma de conhecimento veio? Ao que podemos responder: da ciência geográfica. Uma visão inicial é dada pelo geopolítico Colin Flint (2006) quando expõe dois significados complementares sobre o que é *geografia*. Primeiramente, ele afirma que é um estudo daquilo que torna os lugares únicos, tendo como objeto também as conexões e interações entre eles. Uma segunda visão consiste em afirmar que a geografia se preocupa com a organização espacial das atividades humanas.

Como reforço da afirmação de que a geopolítica é tributária da geografia, podemos esclarecer que, apesar de atualmente ser considerada uma disciplina acadêmica resultante da interação entre geografia, história e ciência política, a Geopolítica tem na geografia humana, mais especificamente, seu nascedouro. Para Flint (2006), a geopolítica é uma parte da geografia humana. O estabelecimento de uma ciência geográfica acarretaria a necessidade de lançar luz sobre as relações entre sociedades, o espaço e o poder em suas múltiplas expressões, política e militar, por exemplo, com atenção especial aos fenômenos psicossociais (culturais).

Messias da Costa (2008) entende que a geografia deveria ser compreendida como parte das ciências sociais, sendo, contudo, distinta da antropologia, da sociologia e da ciência política, pois dispõe de sensibilidade própria para estudar os fenômenos concernentes à relação espaço-território.

Ora, conceitos como *espaço*, *limites*, *território* e *fronteira* seriam de fundamental importância para o nascimento e a expansão dos Estados-nação, assim como para sua compreensão. Conforme Flint (2006), os geógrafos analisam o mundo sob as perspectivas espacial e geográfica. Entretanto, apesar da força e relevância da vertente física da geografia, dedica-se especial atenção à dimensão humana, imersa e envolta no ambiente natural. De certa forma, o processo de transformação dos saberes geográficos em uma ciência da geografia ajuda a entender sua divisão entre as vertentes física e humana (a geografia política é um ramo desta). O esquema a seguir, pensado por Castro (1999), ilustra com clareza não apenas a sequência do desenvolvimento da geografia, mas também suas divisões.

Figura 1.1 – Da geografia à geopolítica

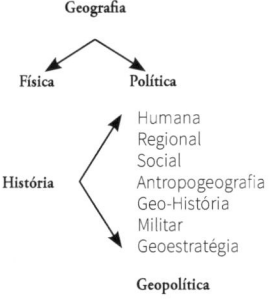

Fonte: Adaptado de Castro, 1999, p. 18.

Munido de um panorama sobre a geografia e suas vertentes, você poderá aprofundar sua compreensão sobre essa ciência. Uma forma útil para entender o histórico da Geografia é acompanhar o desenvolvimento da disciplina por meio da evolução de seus debates e do trabalho de alguns autores.

De Alexander von Humboldt (1769-1859), que na obra *Kosmos* (1855) expõe um detalhado estudo sobre a geografia do mundo conhecido, até Karl Ritter (1779-1859), com seus importantes trabalhos, deram-se, sob uma perspectiva mais sistemática, as primeiras descobertas sobre as conexões, correlações e causalidades entre fatores físicos e fenômenos humanos. Segundo Castro (1999), essas contribuições lançaram as bases do que viria a ser a moderna geografia humana, cuja força explicativa estaria na preocupação com a interação entre os fenômenos físicos e humanos. Como consequência, se o comportamento do *Homo Sapiens Sapiens* é influenciado pelo ambiente e pelo meio físico, a geografia humana passa a figurar como ciência social. Entretanto, a indagação sobre quem determina ou condiciona quem – se a natureza ou a vontade humana – passou a fazer parte do debate geográfico[1].

Como alerta Castro (1999), para Paul Vidal de la Blache (1845-1918), a geografia é a ciência dos lugares, e não dos homens. Mas o que seriam esses lugares? Desde o século XIX, o conceito de *lugar* é fundamental para a geografia. Citando Agnew, importante geopolítico crítico, Flint (2006) chama atenção para o fato de tal conceito relacionar-se a três aspectos cruciais: **localização** (função do lugar no mundo), **local** (as instituições, formais ou não, que organizam desde a política até a identidade ligadas ao local) e **senso de lugar** (sentido de pertencimento referente a uma coletividade e, na geografia, a um lugar específico). Sendo assim, na geografia, os lugares são fruto das interações humanas, da significação que as coletividades dão ao ambiente físico. Portanto, *lugar* não é apenas um dado físico na natureza; ele é **dotado de significado e passível de conteúdo político**. Com base nessa leitura, podemos perguntar:

---

1 Retomaremos esse debate na seção 1.2.

A vontade humana necessariamente prepondera sobre as tendências de determinação do meio?

Menos convicto da força do componente humano contra o peso do meio, o geógrafo francês Jean Brunhes (1869-1930) apresenta uma das primeiras leituras da **realidade como um dualismo homem-natureza**. O mesmo autor que criou a expressão *geografia humana* afirma que "o homem não se pode subtrair, em absoluto, às condições naturais, políticas e culturais do espaço vital" (Brunches, citado por Castro, 1999, p. 19).

Desde o nascimento da geografia, o embate entre a vontade humana e o peso determinístico do meio e da geografia se colocava como cerne das controvérsias do campo. Enquanto as ideias de La Blache influeciavam a Escola Possibilista e a geopolítica crítica, surgiram, também no século XIX, concepções favoráveis à **geodeterminação** ou à determinação do ambiente natural e da geografia sobre a política e as relações humanas. Embora exista uma inclinação da literatura clássica a favor da geodeterminação, a questão do peso da determinação do ambiente físico sobre o humano não foi de pronto resolvida na ciência geográfica. Para uma boa compreensão dessa evolução nesse campo do saber, não podemos nos esquecer da escola germânica de geografia, em particular da antropogeografia[2] de Friedrich Ratzel (1844-1904).

O pensamento geográfico germânico desenvolveu-se concomitantemente à tumultuada história da unificação alemã. De um conjunto de principados, reinos e ducados, a Alemanha emergiu unida sob a liderança prussiana.

---

2 Expressão que dá título a uma das principais obras de Ratzel.

Mapa 1.1 – Império Alemão (1871)

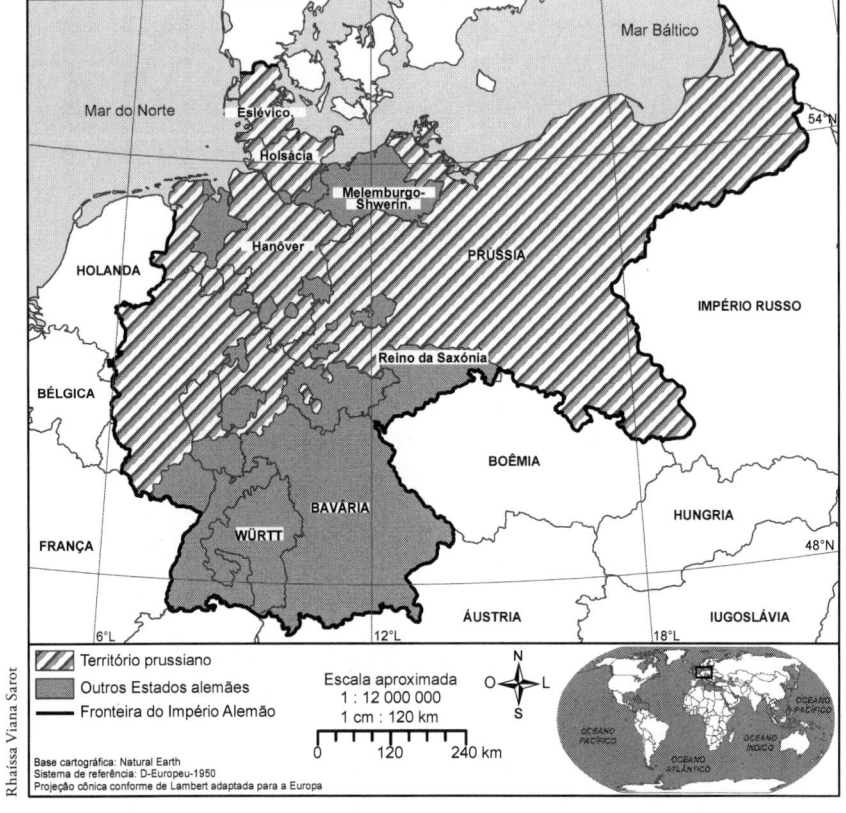

Fonte: Adaptado de BBC, 2014.

A conquista da nova condição de Estado nacional alemão ocorreu em paralelo ao processo de união de distintas unidades políticas germânicas sob uma única bandeira (Deutsch, 1957). Esse **processo de amalgamação** – ou seja, de união –, em que a expansão territorial de um Estado incorporou outros Estados, resultando no nascimento de uma unidade política nova, influenciou fortemente a geografia e a geopolítica do novo país. A recém-criada Alemanha, agora regida por uma autoridade suprema, o Kaiser, sob a conduta política de Otto von Bismarck, passava a pleitear o seu "lugar ao sol" no cenário de nações, entrando com força na luta imperialista pela partilha colonial (Castro, 1999; Flint, 2006).

Se Humboldt e Ritter percebiam a relevância da articulação entre a geografia e o comportamento humano, foi Ratzel quem sistematizou a **predominância do elemento político da geografia humana**. Para ele, a natureza é de extrema relevância para o saber geográfico, mas foi além, ao incorporar o Estado em sua análise. Como demonstra Castro (1999), Ratzel superou a geografia humana convencional, buscando apoio em ciências auxiliares para a compreensão do Estado e de seu impacto no saber geográfico. Segundo Castro (1999, p. 20), "a Geografia Política passaria a se ocupar das relações entre grupos organizados no espaço ou território. Em razão disso, como nenhum Estado pode existir sem território, nenhum território pode se transformar num Estado de fato sem a presença do povo".

Como Castro (1999) e Mattos (2002) afirmam, para Ratzel deveria ser incorporada aos saberes geográficos não apenas a dimensão humana, mas também a interação desta com o ambiente e com o território. As práticas sociais, como a política e suas lutas por recursos valorizados, seriam inseridas na geografia. Essa fusão ocorreu por meio de conceitos como *Estado*, *território* e *povo*, aos quais nos deteremos um pouco na sequência.

Na perspectiva da geografia política, a ideia de *território* ganhou força após a assinatura do Tratado de Westphalia (1648), que encerrou a Guerra dos Trinta Anos. Na época, *território* constituía uma porção de terra reclamada por um Estado ou outra entidade política (Dahlman, 2009a). Uma de suas funções centrais era demarcar o espaço do poder soberano, estabelecendo, dessa forma, fronteiras e limites. A soberania está ligada ao surgimento de uma autoridade suprema (soberano), reconhecida dentro e fora de seus domínios territoriais. Assim sendo, território e fronteiras são primordiais para distinguir a **soberania interna** – em que a autoridade política máxima é reconhecida como detentora do direito de governar a população dentro de seu território – da **soberania externa** – ou soberania internacional legal, que assegura o direito de uma autoridade soberana governar seu território e seu povo sem interferência externa, especialmente por parte de outros Estados (Dahlman, 2009b).

Como vimos, a dimensão humana da geografia evoluiu ao trazer para si conceitos políticos. Um amplo repertório de ideias e conceitos utilizados pela geopolítica são inicialmente apresentados por Ratzel. Ideias como *limites* e *fronteiras* seriam incorporadas à geopolítica clássica, de Mahan a Barnett. Os elementos essenciais para traçar a diferença entre o espaço doméstico e o internacional são os **limites** e as **fronteiras**. Os primeiros delimitam formalmente a extensão territorial do Estado, indicando até onde sua soberania alcança; já as fronteiras confundem-se com os limites, pois, apesar de serem o marco divisor entre duas ou mais entidades políticas, apontam para um horizonte de expansão. Por essa razão, Mountz (2009) ressalta as dimensões de **rigidez** e **fluidez** do conceito de *fronteira*. Mas, afinal, como esses conceitos foram desenvolvidos inicialmente na geografia política?

A **relação entre espaço e cultura**, particularmente importante para o **determinismo geográfico**, tornara-se uma das principais chaves explicativas da geografia. Segundo Costa (2008, p. 18), "Em qualquer tempo e lugar, os grupos sociais desde os estágios primitivos até as modernas sociedades capitalistas industriais, por exemplo, estabelecem determinados modos de relação com seu espaço; em outras palavras, valorizam-no a seu modo".

Para Ratzel, esse enunciado não seria diferente. O espaço consiste na variável central para a sobrevivência do Estado-nação, o Estado-organismo. Para melhor entendermos a concepção de **Estado orgânico** de Ratzel, devemos deter-nos, a princípio, nos conceitos de *Estado*, *nação* e *Estado-nação*.

Nações são entendidas como grupos de pessoas ligadas por fatores como cultura, identidade, religião ou território compartilhado (Gilmartin, 2009). Um **Estado-nação** resulta da convergência de um povo imbuído de identidade nacional para um território organizado politicamente por um **Estado** próprio, o qual constitui a entidade legal e política que exerce poder soberano dentro de seu território. Para Gilmartin (2009), nem todo Estado é um Estado-nação. Devemos lembrar-nos, aqui, de Estados com mais de uma nação (a Bolívia como Estado plurinacional, por exemplo) e de nações sem Estado (como os palestinos ou curdos). Contudo, na época de Ratzel, o Estado-nação era o modelo de construção política de tipo ideal a ser perseguido pelos povos. A convergência entre Estado, nação e cultura – principal elo da nacionalidade – permitia pensar no construto de Estado-organismo vivo.

Como ente vivente, o Estado apresenta limitações, como aquelas referentes ao seu espaço inicial, que o desafiam com a necessidade de expansão. É no espaço que se constitui o território, em que habita o povo e se exerce autoridade. É também em um espaço delimitado por fronteiras que estão localizados recursos socialmente valorizados para o Estado, bem como aqueles necessários à reprodução biológica e cultural do grupo (Costa, 2008). Em sua análise sobre a história da geografia, Costa (2008, p. 18) afirma que "toda sociedade que delimita um espaço de vivência e produção e se organiza para dominá-lo, transforma-o em seu território. Ao demarcá-lo, ela produz uma projeção territorializada de suas próprias relações de poder". Impulsionado pelas necessidades derivadas do aprimoramento de sua cultura e da ampliação das demandas por insumos, o Estado projeta para outros territórios seus intentos de poder, limites estes resultantes das relações de força internas e externas ao Estado em expansão.

> **O Estado como uma forma de comunidade política**
>
> Às vezes, podemos incorrer em reducionismo ao mencionarmos apenas o Estado como forma de organização política. Ao investigarmos o período que compreende o final do século XIX e a primeira metade do século XX, encontramos uma época na qual povoava o globo uma miríade de formas de organização política, entre elas a estatal. Cidades-Estado, impérios, protetorados e colônias dariam espaço, ao longo do século XX, ao Estado como forma de comunidade política predominante (Bull, 2002).

Conforme Castro (1999), a política era governada pela geografia. Ratzel foi fundamental para o estabelecimento da geografia como ciência acadêmica, contribuindo também para lançar as bases teóricas que fundamentaram a geopolítica (Flint, 2006). Como prova dessa articulação, Andrade (1993, p. 6) afirma que Ratzel "admitia que os Estados centrais, mais dinâmicos, tendiam a se expandir em direção ao mar, domando ou anexando vizinhos mais fracos, enquanto os Estados marítimos tendiam a desenvolver suas esquadras e a criar colônias". Adiante, você notará que Ratzel antevê o choque estrutural abraçado por Halford Mackinder sobre maritimidade *versus* continentalidade.

A conexão umbilical entre a geopolítica e a geografia política pode ser explicada pela clássica preocupação dos geógrafos com o território, as fronteiras e o espaço. Esses aspectos da realidade física constituíam as principais unidades de análise para a ciência geográfica, quando esta se dedicava aos fenômenos da política e do poder. Historicamente, a preocupação humana com a geografia estava relacionada com as vantagens estratégicas que o conhecimento do meio e da fisiografia davam às comunidades políticas. Desde Heródoto, considerado o "pai da História", o domínio sobre o ambiente físico no qual o homem caçava, coletava frutos, exercia atividades agrícolas e guerreava era visto como fundamento importante para o sucesso da vida humana.

> **Armas, germes e aço**
>
> Uma importante obra em que os fatores geográficos, ambientais e biológicos são unidos para explicar o desenvolvimento dos povos é *Armas, germes e aço: os destinos das sociedades humanas*, de Jared Diamond (2009). Apesar de não ser uma produção geopolítica, ilustra com clareza como fatores dessa ciência podem subsidiar a criação de explicações sobre a macro-história humana. O livro demonstra como ideias das geografias humana e política subsistem em explicações atuais sobre processos complexos, como o sucesso e o fracasso no desenvolvimento dos povos.

Até o momento, vimos que a geografia se desenvolve em várias vertentes, entre elas a própria geopolítica. Cabe agora indagarmos: Afinal, o que diferencia fundamentalmente ambas as ciências?

Mello (1999, p. 12), quando se refere a Zbigniew Brzezinski[3], afirma que a geopolítica "refere-se à combinação de fatores geográficos e políticos que determinam a condição de um Estado ou região, enfatizando o impacto da geografia sobre a política". Conforme Mattos (2002), uma primeira diferenciação entre *geopolítica* e *geografia política* consiste na forma como se analisa a interação entre política e geografia. Segundo o referido autor, a geografia política analisa seus objetos como uma fotografia, como algo estático – ou seja, a opção sincrônica de análise caracterizava a visão da realidade como uma foto, sobre a qual a geografia política teceria análises e avaliações (Mattos, 2002). Distintamente, a geopolítica analisaria seu objeto como um filme. Como resultado dessa outra forma de apreender a realidade, para Mattos (2002, p. 18), a geopolítica "É o produto da interação dinâmica dos três fatores: Política, Geografia e História, conduzindo a uma prospectiva dos acontecimentos do Estado". Por outro lado, para o geógrafo da Universidade de São Paulo (USP) Messias da Costa (2008), a **geografia política** consiste

---

[3] Cientista político e geoestrategista nascido na Polônia e radicado nos Estados Unidos que atuou ativamente em administrações federais entre as décadas de 1960 e 1980.

numa ciência **básica ou fundamental**, ao passo que a **geopolítica** é **aplicada ou prática**. Para esse autor, a geografia política é afeita à política territorial dos Estados.

As diferenças pautadas por Costa (2008) não dizem respeito apenas à função do conhecimento, mas também a seu *status* científico. Para o referido autor, "o desenvolvimento da Geografia Política, enquanto um corpo de teorias fundamentais e de certo modo universais, sempre se deu a partir de uma prática acadêmica que procurava manter certo distanciamento crítico, uma dada autonomia relativa frente aos objetivos imediatistas e pragmáticos" (Costa, 2008, p. 21).

Com isso, Costa (2008) afirma que a geografia política se desenvolve sob os auspícios do rigor científico, típico da atividade acadêmica, tendo, assim, *status* científico. Por outro lado, sob a geopolítica repousa um manto de desconfiança, o qual a relaciona diretamente à sua utilização na primeira metade do século XX e nas políticas de expansão, guerra e colonialismo. De acordo com essa perspectiva crítica, a geopolítica consiste em um saber engajado, comprometido com o poder. Mello (1999), inclusive, considera notáveis geopolíticos e geoestrategistas, como Halford Mackinder, tido como "conselheiro do príncipe" – expressão utilizada por Raymond Aron em analogia ao papel desempenhado por Nicolau Maquiavel na produção do manual de poder (a obra *O príncipe*) para os Médicis no século XVI. Para Costa (2008), características como essa desfavorecem o *status* científico da geopolítica. Segundo Andrade (1993), a geopolítica postula um saber que, apesar de prático, é científico. Contudo, como faria posteriormente a geopolítica crítica, o autor não se omite de criticar aquilo que chamou de "doutrinação geopolítica" e seus efeitos associados, como a colonização e a exploração entre os povos (Andrade, 1993).

Se a geopolítica consiste historicamente em uma ciência do poder e para o poder, como demonstra Lacoste (1976), ela também serve para constestá-lo. Nesse empreendimento, geopolítica e estratégia se fundem ao encarar a dominação, a expansão territorial e os movimentos de autodetermianção dos povos como parte de sua história, sendo a guerra um de seus instrumentos políticos centrais. Por isso, desde a heroica defesa espartana contra os persas nas Termópilas até a instrução do pensamento estratégico da guerrilha comunista chinesa em 1949, o saber geográfico foi um importante aliado para aqueles que buscavam preservar ou conquistar o poder.

Entretanto, é válido indagar: Como a geopolítica surgiu como ciência independente? Como a geografia política cedeu aos alicerces teóricos e aos fundamentos iniciais da geopolítica? Como o determinismo alemão se tornou a principal base da geopolítica clássica? Desenvolveremos as respostas a essas indagações a seguir.

1.2 *Fundamentos da geopolítica*

Segundo Castro (1999) e Mattos (2002), estudiosos como Vidal de la Blache, Isaiah Bowman e Lucien Febvre podem ser considerados representantes da **Escola Possibilista**. Identificado diretamente com a obra de La Blache (1845-1918), em oposição ao determinismo geográfico, o possibilismo ancora seu raciocínio no princípio de que a liberdade impacta na forma e no alcance em que o meio geográfico limita e possibilita a ação dos indivíduos. O elemento humano e racional manifesta-se, sobretudo, por meio da política. Assim, a **relação entre homem e geografia** é mediada, antes de tudo, pelo **fator político**. Como pilares dessa escola geográfica, o pressuposto do progresso e a crença na ciência e na técnica são fatores que fazem a balança entre a razão e a geografia pender a favor do homem. Se o fator racional, instrumental e humano não for imperativo, haverá a possibilidade de relações de reciprocidade entre a sociedade e o meio, mas nunca de determinação.

Apesar da relevância das contribuições trazidas pela Escola Possibilista, foi no **determinismo germânico** que a Geopolítica como disciplina realmente se desenvolveu. Embora existisse a ideia de que a política é mediadora nas relações entre o homem e seu meio, o determinismo geográfico[4] afirmava a preponderância do fator físico, inclusive na explicação do processo civilizatório sobre o qual se debruça a geografia política (Mattos, 2002). A *escola geográfica alemã*, como também ficou conhecido o determinismo germânico, "era fortemente caracterizada pela influência do naturalismo (em particular pelas ideias de Darwin), o que resultou num conteúdo determinista em suas interpretações dos fenômenos sociais, entre eles os políticos" (Costa, 2008, p. 22).

Como ocorria no mundo natural, o estudo do complexo homem-geografia ocorreria sob o prisma biológico. Nessa perspectiva, o Estado consistia em um "organismo vivo" dotado de necessidades biológicas, como a voracidade por recursos e o estímulo à expansão. Vemos nesse pensamento o cerne do argumento em favor da expansão dos Estados, demonstrado aqui e também durante todo o Capítulo 2.

Embora favoreça o elemento geográfico sobre a vontade humana, o determinismo geográfico alemão condiciona a compreensão da política a constrangimentos e possibilidades perenes da natureza. Por mais contraintuitiva que pareça, essa escola aproxima cada vez mais a geografia da política, em particular as manifestações da política de poder, como a expansão, a guerra e a conquista territorial com fins de sobrevivência e acumulação de poder do organismo estatal.

---

4 Uma crítica relevante recebida por essa escola consiste em suas alegadas tendências mecanicistas e naturalistas, presentes na obra de Kjellén, Mackinder, entre outros autores (Costa, 2008).

Nesse campo, poucos autores são tão representativos de uma escola como Ratzel. A obra desse pesquisador fez eco da geografia política à geopolítica, de Mackinder a Haushofer. Sua contribuição é crucial para entender o vocabulário político e estratégico utilizado por estadistas, bem como as guerras da primeira metade do século XX. A articulação orgânica entre o Estado e sua geografia, a relevância do espaço vital (*Lebensraum*) e a crença na tendência natural à expansão territorial dos Estados impactaria fortemente o desenvolvimento das teorias geopolíticas do poder terrestre.

Para Ratzel, assim como para Kjellén e outros geopolíticos, **o Estado era um ente naturalmente político, mas também orgânico**. Entendido como uma **entidade viva**, um organismo dinâmico, era constituído por um **corpo político e institucional** (expressão formal do Estado), pelo **território** (espaço) e pelo **povo**. Devemos ressaltar que, como um organismo vivo, o Estado exibe uma **tendência natural à expansão**. Em sua saga existencial, o Estado, como corpo vivo, nem sempre reuniria as condições necessárias essenciais à sua manutenção e sobrevivência. Recursos escassos e pressões populacionais poderiam ser desafios relevantes, mas seriam acrescidos à tarefa de conquistar o espaço vital. Tomando como base empírica a experiência histórica da construção e expansão territorial dos Estados Unidos da América, Ratzel percebe que a expansão do Estado não é uma pulsão imanente e natural, mas repousa no fundamento da consecução do espaço vital (Costa, 2008).

Mattos (2002, p. 27) discorre sobre esse assunto:

> Em sua teoria do espaço vital (*lebensraum*), sintetizou o crescimento orgânico do Estado, afirmando que não haveriam de substituir os territórios politicamente organizados, aos quais não se "oferecem ao crescimento razões naturais ou econômicas". Assim, dentro da concepção de Ratzel, só "um território extenso, esparsamente povoado, é um grande Estado do futuro".

Ratzel lançou as sete leis do expansionismo, apresentadas a seguir segundo Castro (1999, p. 28):

1. O espaço dos Estados deve crescer com a sua cultura.
2. O crescimento do Estado-nação segue a outras manifestações de crescimento do povo, devendo, necessariamente, preceder o crescimento do próprio Estado.
3. O crescimento do Estado manifesta-se pela adição de outros Estados dentro do processo de amalgamação.
4. A fronteira é o órgão periférico do Estado.
5. Em seu crescimento, o Estado luta pela absorção de seções politicamente importantes.
6. O primeiro ímpeto para o crescimento territorial vem de outra civilização superior.
7. A tendência geral para a anexação territorial e amalgamação transmite o movimento de Estado para Estado e aumenta a sua intensidade.

Esses sete pontos nos dão uma visão clara sobre as motivações, as causas e os mecanismos por trás do comportamento expansionista do Estado. Nos marcos de uma compreensão de mundo calcada em um evolucionismo darwinista, o progresso da razão e da cultura humanas ocorre concomitantemente à luta entre povos, Estados e culturas por recursos escassos. Em meio a isso está a consolidação do Estado, do território e da segurança. Semelhante a um corpo vivo, o Estado tem a pulsão de expandir originada no crescimento de fatores endógenos, em particular a cultura de seu povo. Atingido o limite do crescimento natural, o corpo estatal urge em expandir-se, incorporando outros Estados e territórios por meio do processo de amalgamação[5]. Tal comportamento leva

---

5 No contexto do pós-Segunda Guerra Mundial e da reconstrução da Europa, Karl W. Deutsch recupera a ideia de *amalgamação* como processo constitutivo da construção e da expansão de Estados. Esta ideia está desenvolvida no conceito de *comunidades de segurança amalgamadas* (Deutsch, 1957).

a tensões nas zonas de expansão imediata, o órgão periférico do Estado: a fronteira. Sobre esse tema, reproduzimos as palavras de Costa (2008, p. 19):

> Dentro dessa evolução, o advento das fronteiras externas e internas, por exemplo, não estaria na raiz do processo de constituição dos Estados, mas justamente o contrário, isto é, a constituição dessa forma maior de institucionalização do poder político é que tem determinado a fixação cada vez mais rígida dos limites entre as sociedades-nações. A partir daí, os conflitos interessados ao espaço político tornam-se cada vez mais "internacionais", ou seja, de um estágio em que se podia falar de um grupo social e seu espaço, passa-se a outro, no qual se deve falar de sociedades-nações-Estados e seus territórios respectivos. Assim, no plano do espaço mundial, um imenso espaço geopolítico se estrutura, sob formas mais ou menos rígidas.

Em uma luta por sobrevivência e segurança, ocasionada pelo tensionamento decorrente da conquista do espaço vital, os Estados nascem, expandem-se e morrem. Considerando a já mencionada história de expansão territorial dos Estados Unidos, Ratzel toma emprestados da história os exemplos da formação de impérios clássicos, como o Império Macedônico de Felipe II, e a constituição dos Estados modernos, como a Alemanha unificada. Segundo Castro (1999), o geógrafo alemão presenciou esse processo de unificação – exemplo da expansão, da amalgamação e do surgimento de um novo Estado – da Prússia à Alemanha.

> **Influências no desenvolvimento da geopolítica alemã**
>
> Segundo Castro (1999), é lícito afirmar que os ensinamentos da Escola Determinista influenciariam fortemente o desenvolvimento da geopolítica alemã, especialmente aquela pensada sob os auspícios do Instituto Geopolítico de Munique, liderado pelo General Karl Haushofer. Haushofer foi claramente influenciado por Kjellén e Ratzel, como os conceitos de *Estado como organismo* e *Estado como manifestação biológica* ou *forma de vida* denunciam. Mas é no conceito de *espaço vital* que vemos com maior clareza a força do determinismo geográfico alemão em uma das principais teorias do poder terrestre. Apesar de concorrentes no campo da política prática, Haushofer sofreu também forte influência de Halford Mackinder (Castro, 1999).

Apesar de existirem estudos classificados como obras geopolíticas desde a segunda metade do século XIX[6], o termo *geopolítica* foi apresentado pela primeira vez pelo sueco Rudolf Kjellén, em 1899 (Flint, 2006). De Kjellén a Haushofer, a geopolítica, cada vez mais reconhecida como uma ciência do Estado, contaria com expressiva contribuição de autores germânicos em seu desenvolvimento.

As ideias de Ratzel fizeram eco na Europa de seu tempo. Pioneiro no uso do conceito de *geopolítica*, Kjellén incorporaria parte do arcabouço teórico do determinismo geográfico alemão, adicionando a este o componente político como fator mitigador dos constrangimentos naturais (biológicos) e da própria geografia dos Estados. Kjellén, semelhante a Ratzel, acreditava que o Estado poderia ser entendido e estudado como um organismo vivo. Para Kjellén, "o território é o corpo do Estado; a capital e os centros administrativos compõem o coração e os pulmões; os rios e estradas,

---

6 A obra *The Influence of Seapower in History*, do Almirante Alfred Tayer Mahan, foi publicada em 1890 e é reconhecida como um marco no surgimento da teoria do poder marítimo. O clássico da geopolítica, *The Geographical Pivot of History*, de Halford Mackinder, foi publicado em 1904.

suas veias e artérias; as áreas produtoras de matérias-primas e produtos alimentícios são os seus membros" (Castro, 1999, p. 32).

Em sintonia com Ratzel, na conformação deste "corpo" político-geográfico-cultural, a fronteira mantém seu caráter **definidor** e **estratégico**. Definidor porque o sentido de fronteira só se revela quando uma coletividade se identifica e controla determinado território, demarcando seus limites como resultantes do antagonismo de vontades manifestado por relações de força e violência; estratégico porque esses mesmos limites apontam para a zona de irradiação ou de expansão do Estado.

De forma clara, Castro (1999, p. 50) nos ajuda a montar esse quebra-cabeça, fundamental à compreensão da conexão entre a geografia política e a formação do Estado (tardio): "A noção de fronteira propriamente dita surge quando um povo, habitando determinado território, adquire a consciência nacional – a noção de pátria". Essa mesma consciência dá sentido ao ideário de nação, central para a identificação orgânica do corpo político institucional e burocrático e de seu povo, o Estado-nação. Assim o era para Ratzel, que, em sua teoria orgânica do Estado, afirmava que, como as culturas estavam contidas dentro de países ou Estados, esperava-se que suas fronteiras se movessem e ocorresse expansão. Dessa forma, quanto mais desenvolvida a cultura – corporificada no Estado –, maior probabilidade de expandir-se para territórios de outros países, possivelmente dotados de culturas menos adiantadas (Flint, 2006). Para melhor ilustrar como essas ideias permearam o pensamento geopolítico alemão, expomos o seguinte entendimento:

> A catarse para essas ideias era o *Lebensraum* de Ratzel, ou espaço vital: significava que culturas "superiores" [...] mereciam mais território dado, que usariam a terra melhor. Na prática, as ideias de Ratzel e Kjellén estavam voltadas a aumentar o tamanho do Estado alemão ao leste e criar um Estado grande, que a cultura "avançada" alemã

garantia, em suas mentes, às expensas dos eslavos, que eram vistos como culturalmente inferiores. (Flint, 2006, p. 20, tradução nossa)[7]

Tomando como exemplo a teoria nacionalista de concepção do Estado de Kjellén, vemos com clareza o amadurecimento do ponto central de doutrinas políticas do século XX, que colocam o Estado como o epicentro da política nacional e internacional. Contaminados pelo espírito de seu tempo, Ratzel, Kjellén e outros veriam no Estado um demiurgo possibilitador da vontade nacional.

A última década do século XIX e a primeira do XX assistiriam à emergência da geopolítica não apenas como prática, mas também como ciência acadêmica dotada de identidade e objeto. Seu "produto final", uma disciplina acadêmica viva e em evolução constante, tem se mostrado aberto e passível de críticas e suspeições acerca de seu *status* científico e sua objetividade. Durante os debates metateóricos sobre a validade dessa ciência como tal, defensores da geopolítica clássica ou da sua versão crítica sustentam visões que justificam essa forma de saber e a sua relevância, inclusive para as relações internacionais.

Autores como Leonel Itaussu de Almeida Mello (1999), Therezinha de Castro (1999) e Meira Mattos (2002) entendem que, embora a geopolítica seja uma ciência, ela é **sensível ao poder e às suas demandas**. Como a exposição das teorias do poder geopolítico permitirá elucidar, a geopolítica produz interpretações e explicações sistemáticas sobre as realidades nacionais e internacionais. Apesar de o intento ou a motivação dos escritos ser orientado(a) pela política, o método – **fazer científico** – da geopolítica atende aos rigores da ciência moderna e objetiva.

---

7 No original: *"The catchphrase for these ideas was Ratzel's Lebensraum, or living space: meaning that 'superior,' in the eye of the beholder, cultures deserved more territory as they would use the land in a better way. In practice, the ideas of Ratzel and Kjellén were aimed at increasing the size of the German state eastwards to create a large state that the 'advanced' German culture warranted, in their minds, at the expense of the Slavs who were deemed culturally inferior".*

> **Para saber mais**
>
> CASTRO, T. de. **Geopolítica**: princípios, meios e fins. Rio de Janeiro: Biblioteca do Exército, 1999.
>
> Uma das melhores obras gerais de geopolítica no Brasil, escrita pela importante geopolítica brasileira Therezinha de Castro. Esse livro não apenas apresenta vertentes importantes da geopolítica e da geoestratégia, como permite ao leitor uma aproximação com a geopolítica brasileira e temas caros ao debate nacional.

Síntese

Neste capítulo, apresentamos as principais etapas, debates e autores que nos possibilitam entender a evolução da geografia política para a geopolítica. Por meio da relação entre espaço e poder, abordamos conceitos basilares, como Estado, nação, território e fronteiras. Na sequência, analisamos as bases históricas do saber geográfico e sua articulação com as lutas humanas aos conflitos entre Estados. Além disso, examinamos as principais escolas da geografia política, de modo a perpassar conteúdos centrais ao entendimento dos fundamentos da geopolítica. Esperamos que, com base na leitura deste capítulo, você tenha conseguido distinguir os enfoques da geografia política dos da geopolítica e identificar seus principais debates compartilhados.

Questões para revisão

1. Friedrich Ratzel é considerado não apenas um dos pais da geografia política, mas também um dos primeiros a incorporar o Estado à análise geográfica. Sobre as sete leis do expansionismo, identifique a alternativa **incorreta**:

a. "O espaço dos Estados deve crescer com a sua cultura."

b. "O crescimento do Estado-nação segue a outras manifestações de crescimento do povo, devendo, necessariamente, preceder o crescimento do próprio Estado."

c. "A fronteira é o órgão periférico do Estado."

d. "Em seu crescimento, o Estado luta pela absorção de seções politicamente importantes."

e. "A tendência geral para a anexação territorial e amalgamação transmite o movimento de Estado para Estado e, por medo da guerra, reduz sua intensidade."

2. Inspirado em Ratzel, Kjellén concebe o Estado como um organismo vivo. Com base no criador do termo *geopolítica*, qual é a alternativa **incorreta** no que se refere à constituição do corpo do Estado?

a. O território é o corpo do Estado.

b. A capital e os centros administrativos compõem o coração e os pulmões.

c. Suas fronteiras são seus dedos dos pés e das mãos.

d. Os rios e as estradas são suas veias e artérias.

e. As áreas produtoras de matérias-primas e produtos alimentícios são seus membros.

3. Quanto às ideias relacionadas ao espaço vital, assinale V para as afirmativas verdadeiras e F para as falsas.

( ) Culturas "superiores" mereceriam mais território, tendo em vista que utilizam melhor a terra.

( ) Culturas "superiores" mereceriam mais território, tendo em vista que sua cultura é superior.

( ) As ideias de Ratzel e Kjellén estavam voltadas a aumentar o tamanho do Estado alemão ao oeste do Reno.

( ) As ideias de Ratzel e Kjellén estavam voltadas a aumentar o tamanho do Estado alemão ao leste.

( ) O aumento do tamanho do Estado alemão ao leste se daria às expensas dos cossacos, que eram vistos como culturalmente inferiores.

Assinale a alternativa que corresponde à sequência correta:
a. V, F, F, F, V.
b. V, F, F, V, F.
c. V, F, V, F, V.
d. F, F, V, V, F.
e. F, V, V, F, V.

4. A geopolítica é uma ciência que se construiu em diálogo profundo com outras disciplinas. Segundo Mattos (2002), qual combinação melhor expressa essa interdisciplinaridade?

5. Como o processo de expansão territorial dos Estados Unidos e a Unificação Alemã influenciaram a Escola Determinista e, por conseguinte, a geopolítica clássica?

Questões para reflexão

1. Busque os mapas da expansão da Alemanha no I, II e III Reich e confronte os padrões de expansão territorial com as ideias expansionistas de Ratzel. Faça um comentário crítico sobre a presença das ideias do geógrafo germânico na história territorial da Alemanha nos séculos XIX e XX.

2. Considerando a ideia de *espaço vital* de Kjellén, investigue como movimentos de secessão se utilizam da ideia de *cultura* para defender causas de criação e expansão territorial nos dias atuais.

Mãos à obra

Primeiramente, assista ao filme *Adeus, Lênin!*. Com base na articulação entre Estado, nação e cultura, escreva uma reflexão (de pelo menos 20 linhas) sobre a maneira como, após décadas sob o domínio da União Soviética, a Alemanha Oriental encarou o desafio da reunificação com a Alemanha Ocidental e sua visão capitalista. Reflita também sobre o modo como esse episódio dialoga com as ideias de Ratzel e Kjéllen.

capítulo dois

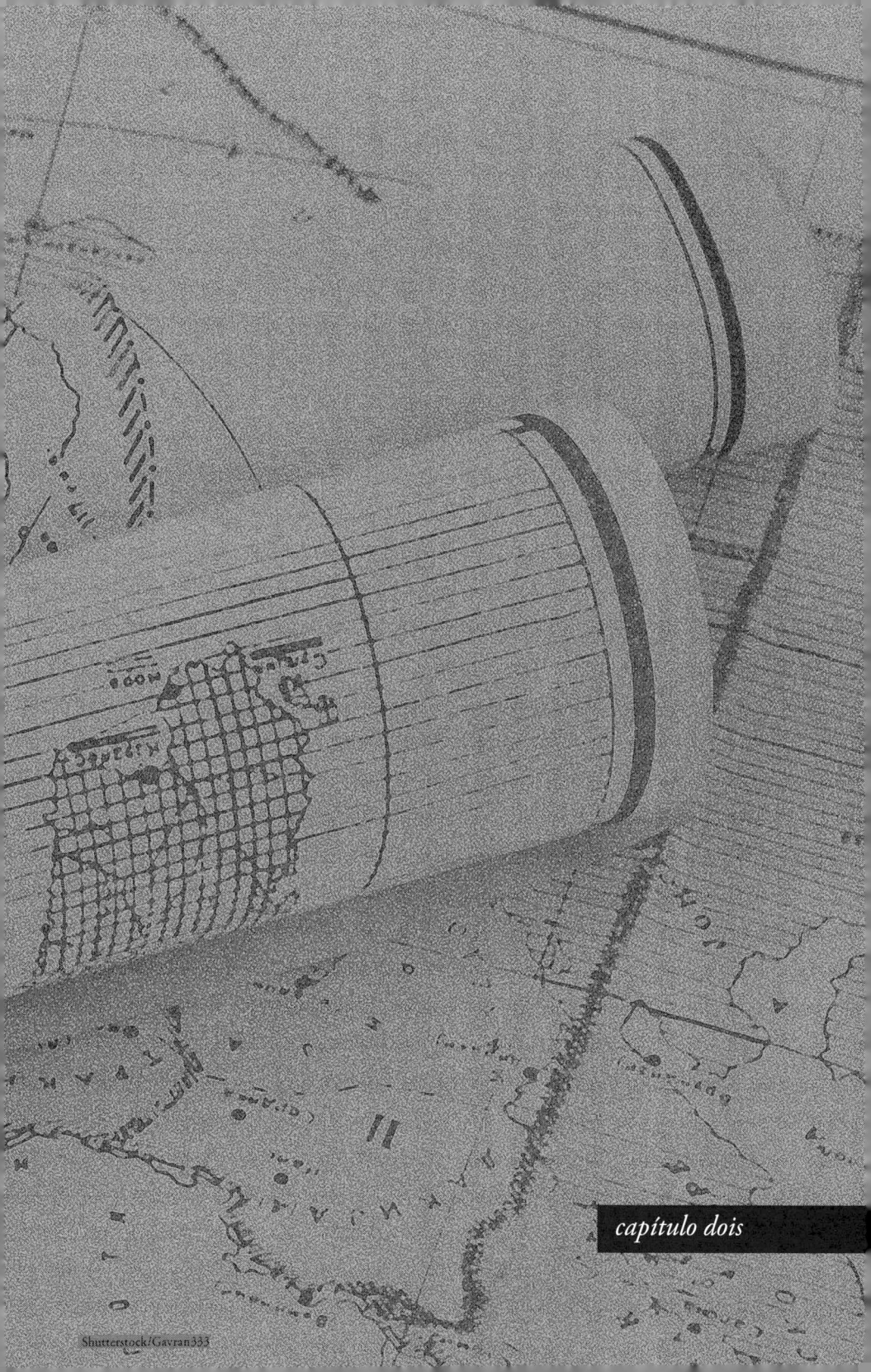

Teorias clássicas da geopolítica

Conteúdos do capítulo

- Especificidades das teorias geopolíticas.
- Teoria do poder marítimo.
- Teoria do poder terrestre.
- Teoria do Rimland.
- Aspectos introdutórios da geopolítica da Guerra Fria.

Após o estudo deste capítulo, você será capaz de:

1. reconhecer as principais teorias geopolíticas surgidas no final do século XX e na primeira metade do século XX;
2. compreender a relevância das teorias do poder terrestre e do poder marítimo para o debate estratégico ocorrido entre as duas guerras mundiais;
3. entender a contribuição da teoria do Rimland como base das políticas de contenção lideradas pelos Estados Unidos durante a Guerra Fria.

Neste capítulo apresentaremos as principais teorias clássicas da geopolítica: teoria do poder marítimo (Mahan), teoria do poder terrestre (Mackinder e Haushofer) e teoria do Rimland (Spykman). Cada uma delas articula um pensamento geopolítico próprio à luz dos desafios de sua época e dos interesses dos Estados. Os conceitos e teorias abordados neste capítulo possibilitarão a compreensão dos fundamentos da geopolítica da Guerra Fria e, posteriormente, da geoestratégia.

2.1 *Introdução*

No capítulo anterior discorremos sobre o nascimento da geopolítica como parte do desenvolvimento da própria geografia. À medida que se tornava uma ciência moderna, novas vertentes do conhecimento geográfico conquistavam espaço próprio. O percurso trilhado desde a geografia física até o nascimento de uma sofisticada geografia política não foi simples nem linear. Segundo Flint (2006), a geopolítica pode ser vista tanto como uma forma de pensamento quanto como uma prática política.

Independentemente da perspectiva, o surgimento da geopolítica remonta à formação dos Estados nacionais e de suas instituições políticas. O século XIX foi o momento central do aparecimento dessa ciência. A competição interestatal que se desenrolou entre 1871 e 1945 foi o pano de fundo sobre o qual se desenvolveu a chamada *geopolítica clássica*[1] (Flint, 2006).

Como vimos até então, a geopolítica estrutura seu saber com base na articulação entre geografia, história e política. O resultado é um conhecimento teórico (teorias do poder geopolítico) e prático passível de utilização por comunidades políticas, em particular o

---

1 De acordo com Flint (2006), o objeto central da geopolítica clássica era a competição interestatal. Haveria uma tentativa de separação dessa ação política com o fenômeno do imperialismo. Retomaremos esse tema no Capítulo 4.

Estado. Assim, a geopolítica se desenvolve concomitante com o estudo e a compreensão do poder nacional em suas múltiplas expressões.

O controle e o uso do espaço preconizado pela geopolítica ocorrem mediante a projeção de poder em distintas dimensões[2] do real. Primeiramente, o **ambiente terrestre** é o objeto da reflexão geopolítica em toda a sua extensão e complexidade, dos primórdios de Ratzel à geopolítica formal de Kjellén e Haushofer. Uma segunda dimensão, o **mar**, é adicionada progressivamente como objeto da geopolítica e da estratégia. Em terceiro lugar, o **ar** soma-se às dimensões anteriores, tornando-se também um objeto da geopolítica e da geoestratégia.

Você perceberá que, em sua articulação com o **processo histórico** (tempo) e o **ambiente físico** (espaço), as teorias clássicas da geopolítica concebem o poder (mediado pela política) como um fenômeno complexo e multidimensional. O poder não consiste apenas no somatório de recursos materiais, de forma absoluta ou relativa[3]: sua manifestação é mediada e complexificada por fatores imateriais e de difícil mensuração, como cultura, coesão, vontade e prestígio.

Para clarificar o que estamos dizendo, tomemos como apoio a tipologia desenvolvida pela professora Therezinha de Castro (1999). Ela considera que, na geopolítica, o poder se manifesta ao menos de três formas: **real**, **latente** e **prestígio**. Em sua primeira face (real), posicionamento, extensão, recursos e meios de força são as formas de expressão do poder manifesto, aplicado ou real. Sua versão latente consiste na possibilidade de o Estado mobilizar a totalidade de seus recursos para a realização dos fins políticos postos. Numa posição aristotélica, o poder latente traduz-se em "potência", residindo na capacidade, na habilitação do seu detentor em usá-lo

---

2 Estamos nos referindo às dimensões em sintonia com a ideia de *guerra tridimensional*, ou seja, dimensões em que o poder militar se processa – no mar, na terra ou no ar.
3 Ver debate sobre poder em Baldwin (2003).

futuramente. Por último, o prestígio é uma forma de poder imaterial conferida a um Estado por outros estados[4].

Esse breve esboço sobre as possibilidades de estudo do poder na geopolítica certamentamente contribuirá para sua compreensão do desenvolvimento das teorias geopolíticas. Afinal, como entendia o General Meira Mattos (2002), esta é uma ciência do poder. Nada mais próximo dessa afirmação do que a relação que os clássicos dos poderes marítimo e terrestre tiveram com a Realpolitik e o vigor da geopolítica[5].

Teoria do poder marítimo

A geopolítica, como resultado de uma continuação (ou de uma separação, como preferem alguns) da geografia política, teria ainda, no final do século XIX, um importante lampejo de sua força e relevância, em particular com a obra *The Influence of Seapower upon History, 1660-1783* (1890), do almirante estadunidense Alfred Tayer Mahan (1840-1914). Distinto do que um pensamento intuitivo postularia, pautando o início da discussão na teoria do poder terrestre, em particular pela fundamental contribuição de Halford Mackinder, é com Mahan que adentraremos na seara das teorias clássicas da geopolítica.

O Almirante Mahan foi um misto de militar e acadêmico. Em sua carreira, lecionou e presidiu o *Newport War College* e o *Naval War College*. Como parte do seu acumulado intelectual e de sua experiência naval, não apenas propugnou a necessidade do poder marítimo para o futuro dos Estados Unidos, mas também influenciou diretamente presidentes norte-americanos, como McKinley e Theodore Roosevelt (Flint, 2006). Até os dias atuais, Mahan

---

4 Algumas das variáveis de poder discutidas aqui estão presentes na fórmula de poder de Ray Cline. Para o estudante de Relações Internacionais, é de grande valor verificar o emprego dessa estratégia analítica no estudo sobre balança de poder na Bacia do Prata desenvolvido por Mello (1996).

5 Baseados em Gray (1988), adotamos a ordem de apresentação das teorias geopolíticas clássicas iniciando com Mahan, Mackinder e Spykman.

influencia o pensamento naval de pretendentes ao poder marítimo, como a China contemporânea (Sempa, 2014).

Para o almirante estadunidense, o mar não apenas importava nos arranjos estratégicos e políticos; era essencial em todos os tempos. Ele o era no passado, dada sua contribuição para a construção das bases atuais de poder, e seria no presente, por meio das condições fisiográficas para o avanço do poder nacional. Assim, o mar seria fundamental tanto para o futuro das potências marítimas quanto dos antagonismos internacionais. Escrevendo para uma geração que vivenciou, no século XIX, guerras capazes de alterar o equilíbrio de poder global ou que afetaram expressivamente a conduta do conflito armado entre comunidades políticas, Mahan encontrou um público que pensava a estratégia e o espaço em termos daquilo que veio a ser conhecido posteriormente por *poder terrestre*.

> **Guerras e o equilíbrio de poder**
>
> As Guerras Napoleônicas (1803-1815), a Guerra Franco-Prussiana (1870-1871) e a aceleração do dilema de segurança e da corrida armamentista entre Reino Unido e Alemanha pela hegemonia europeia (final do século XIX e começo do XX) são exemplos de conflitos que alteraram o equilíbrio de poder europeu. Nesse interim, apesar de seu impacto regional, deve-se dar atenção à Guerra Civil Americana (1861-1865). Considerada a primeira guerra moderna do mundo, foi responsável por elevar os meios disponíveis de força a outro nível qualitativo; o resultado dessa guerra garantiu as condições para a emergência da potência estadunidense (Duarte, 2013).

Seja pela proliferação de obras sobre a guerra de uma Europa pós-napoleônica, tendo como artífice maior Clausewitz (1780-1831), seja pela posterior popularidade de Jomini (1779-1869)[6], o

---

6 Clausewitz e Jomini serão retomados no Capítulo 3.

pensamento militar voltou-se para a terra firme. Nesse ambiente intelectual e político, Mahan teve um impacto inestimável.

Considerado um dos mais célebres pensadores da estratégia militar – para alguns, um tático naval (Proença Jr.; Diniz; Raza, 1999) –, Mahan foi um dos pioneiros de um pensamento sobre a guerra no mar. Sobre esse tema estabeleceu obras que o alçaram à fama de estrategista naval (Crowl, 2001).

Distintamente da abordagem geopolítica, que preconiza a articulação entre geografia, história e política na produção de suas explicações e teorias, a obra de Mahan estuda, na realidade, experiências navais com o objetivo de "analisar os fundamentos da estratégia naval, mostrando que o Poder Marítimo fornece explicações para a maior parte dos acontecimentos históricos" (Castro, 1999, p. 108). Para Castro (1999), em Mahan, o estrategista naval extrapola a contribuição no campo da geoestratégia, especialmente ao articular o poder marítimo com o nacional. Por outro lado, devemos recordar que, quando do lançamento de sua principal obra de referência, em 1890, a geopolítica e o termo em si ainda não haviam sido criados[7]. Como ciência, era uma área que lutava para desenvolver-se no seio da geografia política. Dessa forma, classificar Mahan explicitamente como um geopolítico pode ser um equívoco; contudo, é um erro ainda maior negar que ele prestou importantes contribuições para a geopolítica[8].

---

7 Ver referência a Kjellén no Capítulo 1.

8 Vale ressaltar que a diferenciação entre *geografia política* e *geopolítica*, bem como entre esta última e a *geoestratégia*, nem sempre é clara. Como veremos no Capítulo 3, vários geopolíticos articulam geopolítica e estratégia, sendo importantes formuladores do pensamento geográfico e militar.

Para Mahan, fatores como localização geográfica, tamanho do território e população seriam fundamentais para um Estado, não apenas influindo em sua posição na luta de poder entre as potências, mas também na definição do tipo de poder em que o Estado seria classificado[9]. Crowl (2001) afirma, em sua revisão do pensamento estratégico de Mahan, que os fatores supracitados seriam essenciais para a habilidade do Estado em converter-se a um poder marítimo. Os cinco fatores decisivos para a constituição do poder marítimo – expressão do poder geopolítico – são:

> posicionamento + extensão territorial + população + caráter nacional + política de governo (Castro, 1999; Crowl, 2001)

Enquanto parte da teoria estratégica contemporânea ao Almirante Mahan argumentava em defesa da superioridade da guerra na terra para o sucesso militar e a vitória política, ele defendia a superioridade do mar para esses efeitos. Destacando a relação entre insularidade e continentalidade ao longo da história, ilustrada pelos exemplos de Inglaterra, França e Holanda, Mahan evidencia que a condição insular britânica, conhecida pela expressão *esplêndido isolamento*, seria determinante para sua construção imperial calcada no domínio do mar (Crowl, 2001).

---

9 Essa linha de investigação instigou uma gama de geopolíticos a pensar a relação matemática entre coeficientes de maritimidade e continentalidade (Bonfim, 2005).

Mapa 2.1 – Projeção do poder britânico – 1860-1914

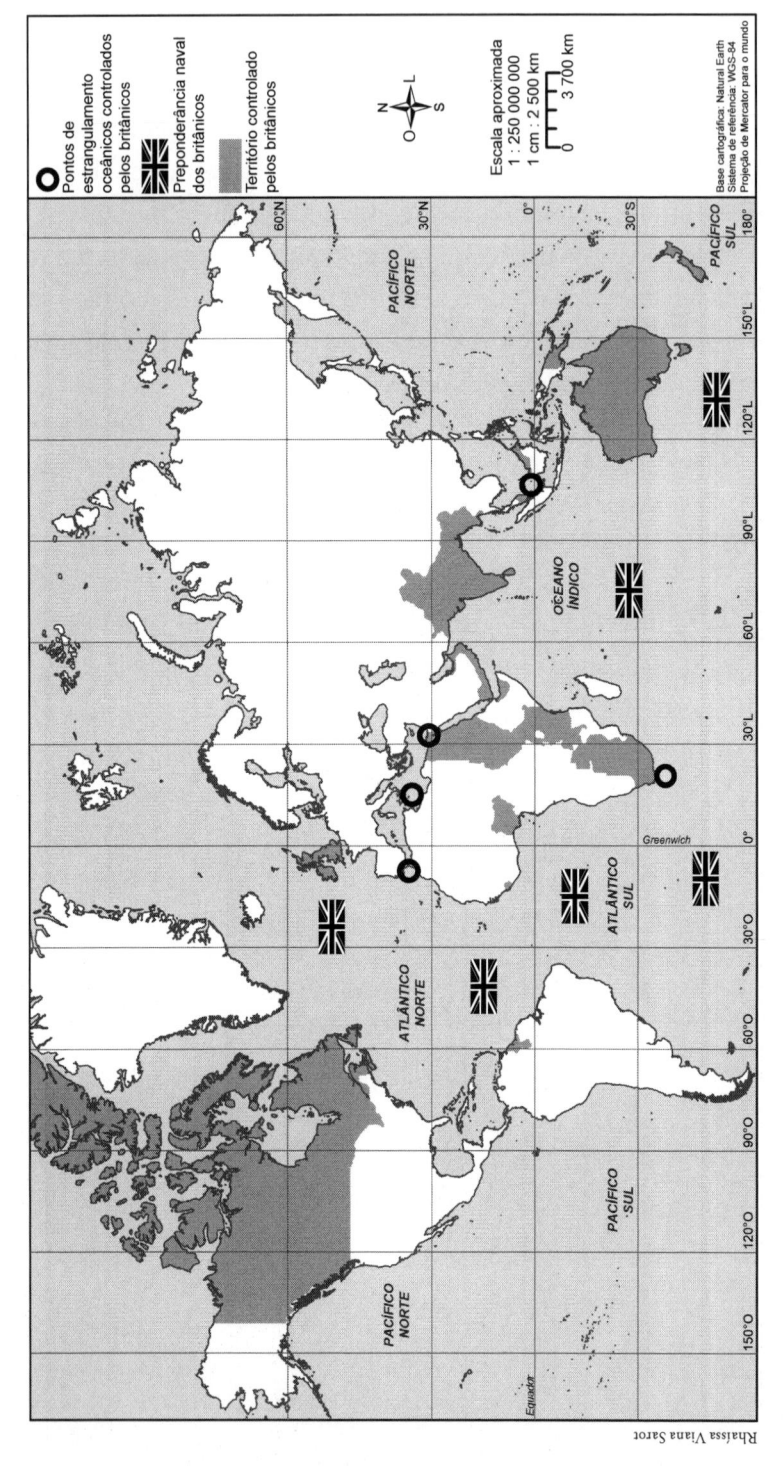

Fonte: Adaptado de Brzezinski, 1998, p. 20.

A situação imediata das ilhas britânicas, sob o controle da Coroa, estabeleceria as bases para a posterior expansão territorial, cujo poder emanava de Londres. A conquista daquilo que Castro (1999, p. 107) chamara de "glacis defensivos" seria seguida da ocupação de posições estratégicas em mares distantes. Conforme ilustrado pelo geoestrategista Brzezinski (1998), desde o século XIX, a Grã-Bretanha ancorava sua condição imperial na projeção global de poder, tendo como base também o controle dos mares. As partes escuras do mapa correspondem aos territórios sob controle britânico. É possível perceber que o Império Britânico utilizou a estratégia de controlar importantes "pontos de estrangulamento", como o Estreito de Gibraltar (em disputa com a Espanha), a passagem do Cabo (África do Sul) e o Canal de Suez (hoje controlado pelo Egito). Apenas esse exemplo já nos permite entender como Londres exercia controle sobre a abertura e a negação de passagem marítima em rotas primárias e secundárias que ligam a Europa Ocidental à Ásia, o Atlântico ao Índico.

Para Mahan, a ação político-estratégica do Império Britânico não seria possível sem componentes domésticos. A população e seu caráter nacional seriam importantes para a conversão do país em poder marítimo. Soma-se a isso a existência de uma mentalidade oceânica, junto ao condicionante fisiográfico, que obrigasse uma coletividade a perseguir seu espaço vital para além-mar. Reunidos, esses fatores compunham parte da equação doméstica responsável pelo nascimento de um poder marítimo. As outras partes desse construto, o papel do governo e sua orientação para o mar ou para a política territorial, desempenhariam função central no cálculo do poder marítimo (Castro, 1999; Crowl, 2001).

Os fatores descritos anteriormente não seriam relevantes apenas para a formulação de um pensamento estratégico voltado ao mar, ancorado em variáveis identificavéis na geopolítica; eles seriam importantes também pelo impacto na política real, seja nos Estados Unidos, seja em potências europeias, como o Reino Unido e a

Alemanha. A obra de Mahan produz a chamada *doutrina navalista*, que marca o ressurgimento de uma mentalidade ansiosa por lançar-se ao mar, incorporando possibilidades e desafios estratégicos concernentes a essa escolha política. Por exemplo, seu clássico *The Influence of Sea Power upon History* (1890) ganhou *status* de "bíblia" em várias marinhas. Conforme Sempa (2014), "o Kaiser Wilhelm II teria ordenado que cada navio de guerra alemão tivesse uma cópia do livro a bordo".

Mahan, que fora formado na United States Naval Academy (Usna) em 1859, viria a servir na Marinha da União em plena Guerra Civil Americana e atuaria como colaborador do U.S. Naval War College[10] entre os anos de 1880 e 1890. Suas aulas naquela instituição, que seriam a base de sua obra máxima aqui já referenciada, reverberariam também no desenvolvimento da doutrina de guerra naval dos Estados Unidos até meados da Primeira Guerra Mundial. O "evangelista do poder naval", como ficou conhecido, foi um dos precursores da geopolítica. De acordo com Castro (1999, p. 106), "sua célebre Teoria do Poder Marítimo baseava-se em fato historicamente comprovado, de que o controle dos mares para fins comerciais e militares fora sempre trunfo decisivo em todas as guerras desde o século XVII".

---

10 Para obter mais informações sobre essa famosa instituição e o papel que Mahan nela desempenhou, acesse: <https://www.usnwc.edu/About/History.aspx>.

A Inglaterra seria o exemplo maior dessa assertiva mahaniana. A conversão desse país no maior poder marítimo até então foi possível graças à opção de constituir uma grande frota naval a despeito da determinação fisiográfica de pequena expressão terrestre. Essa situação naturalmente podaria sua condição de potência terrestre, dada a própria condição de insularidade natural. Para Mahan, o mar consistia num vasto espaço comum, em que rotas de comércio permitiam o estabelecimento de canais de comunicação. Dotada dos meios, a potência que optasse por desenvolver o poder marítimo e cumprisse as condições necessárias teria o mar como aliado, pois este propicia a mobilidade de meios, desígnios e vontades contra os quais "o Poder Terrestre encontrava obstáculos geográficos" (Castro, 1999, p. 106). O mar, que para alguns Estados produziria o efeito de poder parador das águas[11] (Mearsheimer, 2001), para outros seria um vetor central para a projeção de poder e influência.

---

11 No original, "the stopping power of water".

Mapa 2.2 – Mahan e a projeção bioceânica dos Estados Unidos

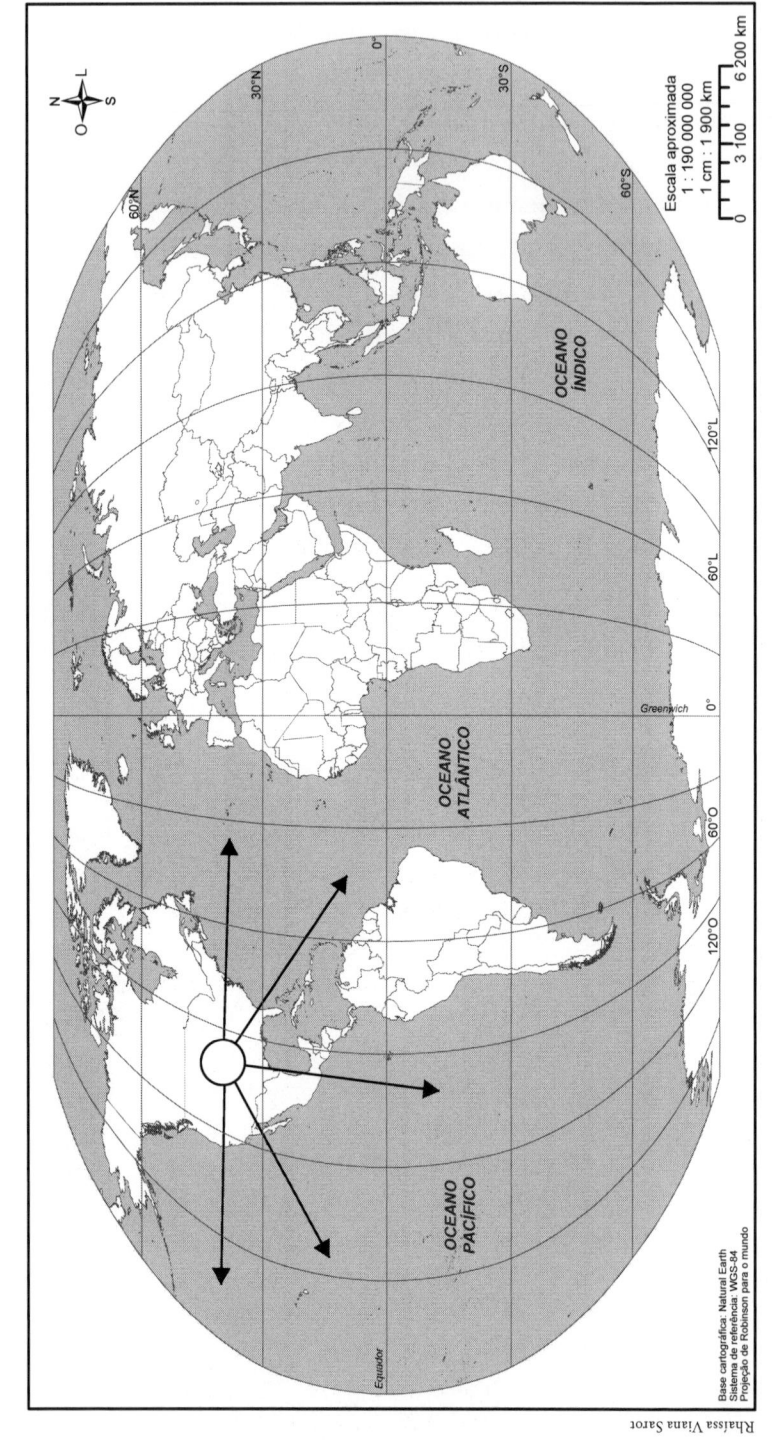

Fonte: Adaptado de Bonfim, 2005, p. 57.

As contribuições do Almirante Mahan o colocam como um dos pioneiros da geopolítica, como já dissemos, apesar do seu *status* acumulado como estrategista naval e geoestrategista. Mahan também prestou importante contribuição para o desenvolvimento da disciplina, tendo em vista que autores como Nicholas J. Spykman partiriam de suas afirmações sobre o poder marítimo para contrapor a teoria geopolítica do poder terrestre.

Teoria do poder terrestre

Embora o professor sueco Kjellén seja normalmente identificado como o responsável por cunhar o termo *geopolítica*, foi numa conferência na Real Sociedade Geográfica de Londres, em 1904, que se presenciou o nascimento de sua mais famosa produção teórica: a Teoria do Heartland, de Halford Mackinder. Fundador da Oxford School of Geography, diretor da London School of Economics na primeira década de 1900 e membro do Parlamento britânico (Flint, 2006), Mackinder emprestaria seu prestígio acadêmico e político à divulgação de sua revolucionária teoria.

O autor teria ligação com os primeiros desenvolvimentos de uma sólida teoria do poder terrestre, fundamental para atribuir à geopolítica um arcabouço teórico próprio, distinto em perfil e forma daquele da geografia política. Seu peso na estruturação da disciplina é tão elevado que não é possível discutir geopolítica clássica sem fazer referência a Mackinder. Não é exagero afirmar que esse geopolítico britânico, "pai da teoria do poder terrestre", revolucionou o pensamento da época com sua teorização sobre a maneira como se organizavam o mundo e a política de poder por meio da eterna luta pelo Heartland.

Escrevendo imerso nas questões de seu tempo, Mackinder era um súdito do Império Britânico, cujo poder ultramarino se via ameaçado em várias frentes do globo terrestre. Internamente, o surgimento de uma classe trabalhadora operária e a progressiva industrialização inglesa colocavam em risco a forma de vida da aristocracia, fortemente arraigada à agricultura. A mudança social significava uma transformação das relações de poder e de potência dentro da própria Grã-Bretanha (Flint, 2006).

No *front* externo, se, no início do século XIX, o Reino Unido lutava contra a ameaça da hegemonia francesa no continente, vindo a ter papel essencial na reconstrução da Europa (Kissinger, 1973), na segunda metade do século, a Alemanha (unificada sob a liderança de Bismarck) e a Rússia Imperial oporiam resistência à hegemonia britânica. Apesar de seu receio em relação a Berlim, o antagonismo entre Moscou e Londres chamou atenção de Mackinder, levando-o a sistematizar uma análise e teorias sobre os rumos dessa rivalidade estratégica. Andrade (1993, p. 6-7) sintetiza as razões políticas e a dimensão geográfica do conflito:

> O primeiro [Rússia], país que se expandiu pelo continente asiático, durante séculos procurou obter portos em mares abertos – livres do bloqueio dos gelos durante o inverno e da passagem de estreitos controlados por outros países –, e o segundo [Grã-Bretanha], possuindo a Marinha mais forte, na época, estabeleceu colônias em todos os continentes e controlou os países da América Latina [...].

Se a recente expansão da Alemanha colocava em xeque o peso da Grã-Bretanha na balança de poder[12] europeia, Mackinder via na Rússia um possível antagonista de longo prazo, com importantes consequências para o Império Britânico. Ele notara que os padrões de expansão da Grã-Bretanha e da Rússia se dariam por canais opostos. Enquanto o primeiro seguiu a pulsão expansionista pelo mar, o segundo lançou-se à conquista do espaço necessário a seus desígnios por meio terrestre. Um dos aspectos que oporiam Mackinder aos estrategistas e geopolíticos de seu tempo seria sua afirmação, contraintuitiva, de que o futuro da potência marítima

---

12 Uma das obras mais interessantes sobre balança de poder no século XXI é *Balance of Power Theory and Practice in the 21*st *Century,* organizada por Paul, Wirtz e Fortman (2004).

britânica estaria ameaçado pela real possibilidade do surgimento de uma potência terrestre dominante na Europa continental. Como ensina Mattos (2002, p. 22):

> Esta concepção mackinderiana, sobre a possibilidade de criação de um Poder Mundial tendo como centro uma base continental, contrariava a teoria anterior do almirante Mahan, que concebera um poder mundial baseado no domínio dos mares, segundo o lema "quem dominar os mares dominará o mundo".

Nesse momento, é importante você recordar o que vimos sobre o impacto da obra de Alfred Mahan nos formuladores de política e estratégia naval nas grandes potências entre o final do século XIX e o início do XX. A Alemanha é um bom exemplo, pois, nos anos 1890, iniciara uma corrida naval com a Inglaterra, encerrada apenas com a eclosão da Primeira Guerra Mundial. Entretanto, enquanto os povos se lançavam à aventura de construção ou reforço de sua projeção marítima do poder nacional, Mackinder argumentava que os rumos da política internacional apontavam para a prevalência do poder terrestre. O duelo estratégico entre Grã-Bretanha e Rússia contava com outro contendor de peso: a Alemanha. Situada no centro da Europa e projetando-se por via terrestre, conforme sua inclinação histórica, Berlim iniciava uma frenética corrida aos mares.

A geopolítica e a estratégia do começo do século XX apresentavam o panorama para o pesadelo de Mackinder: a possibilidade de domínio continental por uma grande potência terrestre ou pela aliança entre Alemanha e Rússia. Dito isso, ressaltamos que a formulação geopolítica do teórico inglês só poderá ser entendida em sua totalidade se nos detivermos à sua teoria do poder terrestre.

Como veremos a seguir, Mackinder contribuiu com um arcabouço conceitual e um construto teórico fundamental para a geopolítica. Seu artigo seminal – *The Geographical Pivot of History* –, apresentado na conferência da Royal Geographical Society, em

23 de janeiro de 1904, foi publicado no *The Geographical Journal* no mesmo ano. Esse texto marcou não apenas os incipientes geopolíticos, mas chocou os geógrafos em geral ao trazer uma ideia difícil de aceitar à época: a Europa Ocidental não seria o centro do mundo. Diferentemente do que as narrativas históricas normalmente alardeam, não foi da Europa Ocidental que partiram os principais processos de expansão, anexação e amalgamação, que resultariam não apenas na construção dos Estados nacionais como os conhecemos, mas também na distribuição territorial e de forças do mundo povoado pelas grandes potências tradicionais. Mackinder chocou seus contemporâneos ao olhar para a Ásia. Não uma Ásia longínqua, construída no imaginário dos navegadores europeus (Kaplan, 2013), mas uma Ásia profunda, territorial e terrestre, cuja expansão vertiginosa e impressionante escapou aos olhos dos pesquisadores ocidentais. Nessa região e em suas dinâmicas profundas é que repousaria o destino da Europa e do restante do mundo.

De acordo com Mello (1999), entre 1904 e 1943, Mackinder desenvolveu uma sofisticada concepção histórico-geográfica, segundo a qual a política e o poder reinam como fatores explicativos. Essa concepção apresenta os seguintes elementos ordenadores (Mello, 1999):

- O mundo como sistema político fechado.
- História universal baseada na causalidade geográfica.
- Postulado da luta pela supremacia entre o poder marítimo e o poder terrestre.

Influenciado pelo pensamento de Mahan, Mackinder considerava a política global interconectada, operando como um sistema político fechado (Flint, 2006). Para entendermos melhor como essa ideia afeta sua teoria, devemos tentar imaginar o mundo de Mackinder em 1904. Apesar da grande distância entre esse tempo e o nosso, alguns traços de continuidade são marcantes. Expressões como *liberalismo, livre-comércio, abertura de mercado, comércio global, investimentos externos diretos* e *disputa por novos mercados* já eram realidade na referida época. O geógrafo inglês lidou com esse estado de coisas tomando como parâmetro o primeiro impulso de expansão marítima europeia. Aquilo que Mackinder chamou de "época colombiana", referindo-se à primazia de Colombo no descobrimento do Novo Mundo, era um processo que chegava a termo no final do século XIX. Aproximando o mundo conhecido à massa de terra das Américas e à expansão naval para a Ásia e a Oceania, os europeus desbravavam a multiplicidade de povos e civilizações, agora conectados sob o manto das dinâmicas globais de poder e riqueza.

Diante do referido processo, Mackinder destacava outro movimento de expansão, não pelo mar, mas por terra. Para ele, a conquista das estepes da Sibéria pelos russos seria tão importante como a descoberta da Rota do Cabo pelos portugueses (Mackinder, 2004), pois permitiria colocar sob um único centro decisório (Moscou) uma massa compacta de terra, que se alongaria desde o leste da Europa até a costa do Pacífico, limitado ao norte pelos mares gelados do Ártico e ao Sul por uma plêiade de potências pequenas e emergentes, fundamentais para a costura geoestratégica da Eurásia, como podemos verificar no mapa a seguir.

Mapa 2.3 – O Império Russo (1914)

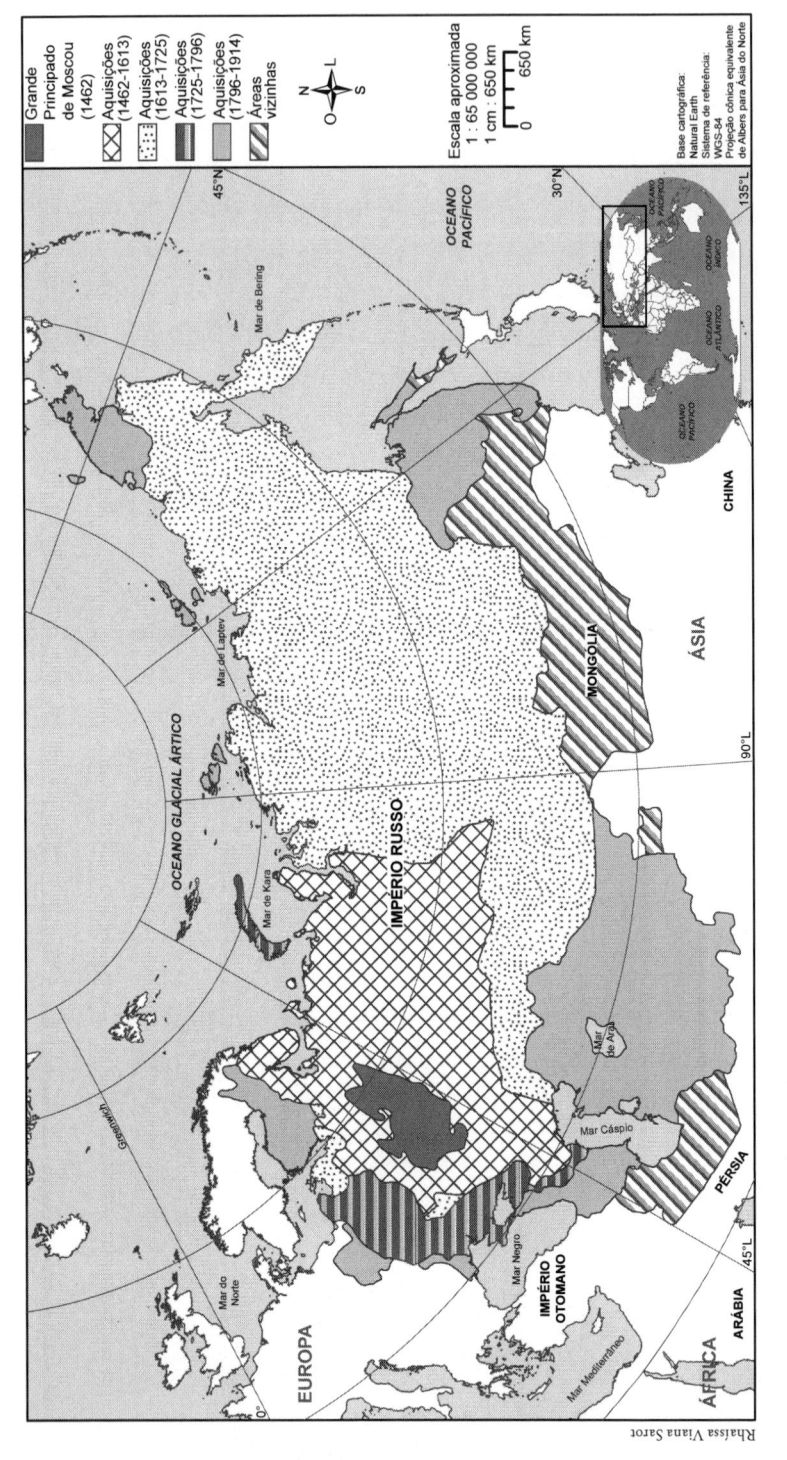

Fonte: Adaptado do site <www.worldmapsonline.com>.

Esse "movimento de dupla expansão" (Mello, 1999) produziria os moldes para a futura **oposição entre oceanismo e continentalismo** em torno da hegemonia mundial. O mundo controlado pelo resultado da expansão dos europeus ocidentais pelo mar se chocaria com a realidade política e fisiográfica resultante da massa territorial euroasiática do Império Russo.

Outro fator por trás desse desenvolvimento deve ser devidamente explicitado: a tecnologia. Apesar de contemporâneo dos navios a vapor e de sua revolução no aprimoramento dos meios navais, para Mahan, o desenvolvimento da técnica e da tecnologia pouco mudaria a guerra no mar. Nesse sentido, seriam mais relevantes a força dos constrangimentos geográficos e as condições políticas e psicossociais do povo, como a "mentalidade marítima".

Já para Mackinder, a tecnologia desempenharia um papel crucial em seu esquema explicitativo. O advento do navio e de locomotivas a vapor; a expansão das ferrovias, que agora cortavam continentes, como a Transiberiana; e o desenvolvimento da tecnologia automotiva transformariam a logística (Mackinder, 2004). Enquanto para Mahan o mar conferiria à potência marítima a vantagem da mobilidade, para Mackinder a inventidade humana aplicada aos meios da guerra faria essa vantagem pender para a potência terrestre. As dificuldades do terreno e do relevo seriam controladas pela tecnologia; assim, a forma como o ambiente terrestre limitava a mobilidade e a velocidade das comunicações militares e civis mudaria para sempre (Mello, 1999).

O somatório das novas tecnologias aplicadas à produção, à circulação de mercadorias e à guerra, junto ao término da expansão das grandes potências para o Novo Mundo e a Ásia, daria o tom do início da "época pós-colombiana". Em uma leitura das relações internacionais, seria possível argumentar que o sistema internacional incorporaria a totalidade das massas terrestres do globo, com suas economias e dinâmicas políticas agora enquadradas em um sistema político fechado (Mello, 1999). No entanto, essa consciência contrária à visão eurocêntrica dominante não seria compartilhada rapidamente pela intelectualidade e por formuladores de política contemporâneos de Mackinder.

Outro pilar no edifício teórico erguido por Mackinder é a **causalidade geográfica na história universal**. Como pontua Mello (1999, p. 33):

> A visão mackinderiana baseia-se no condicionamento exercido pelas realidades geográficas sobre os processos históricos, no confronto secular entre as potências oceânicas e as potências continentais, assim como no declínio da supremacia mundial do poder marítimo e no advento da era pós-colombiana do poder terrestre.

Em diálogo com o legado da geografia política clássica, Mackinder entendia que a natureza, a geografia e o meio impunham condicionamentos que constrangiam as escolhas humanas, inclusive a vocação marítima ou terrestre de um Estado. A tendência de uma potência firmar-se como marítima, terrestre ou anfíbia estava intimamente relacionada a seu posicionamento e a sua localização (insular, mediterrânea ou intermediária), da mesma forma que o espaço impacta na formação política, social e cultural de coletividades humanas, como sua tendência ao comércio marítimo, à expansão territorial por terras contíguas ou à abertura de frentes marítimas e continentais. Potências históricas, como Inglaterra e Rússia, seriam ilustrativas da inter-relação entre constrangimentos geográficos e devir histórico na confirmação das identidades e da vocação de poder[13].

Sobre esse aspecto, é importante salientar uma possível incompreensão derivada de uma leitura rápida de Mackinder. Apesar de enfatizar a superioridade do poder terrestre sobre os demais, ele não exclui a importância da dimensão marítima. Mackinder entendia

---

13 Como demonstra Mackinder (2004), as condições insular e continental de Inglaterra e Rússia, respectivamente, condicionaram seus processos de expansão. O primeiro pelos mares e o segundo pelas planícies e estepes siberianas. A inter-relação mencionada aqui foi fundamental para a construção de suas identidades territoriais como impérios ultramarino (inglês) e contíguo (russo).

que, apesar das determinações geográficas em choque com a história, uma potência marítima poderia construir uma expressão continental de poder. Contudo, em sua ótica, seria mais factível que uma potência terrestre, ao controlar uma vasta gama de recursos e porções anfíbias de terra, construísse com êxito meios sólidos de expressão naval, constituindo, assim, uma condição de potência anfíbia (Mello, 1999; Castro, 1999; Kaplan, 2013). Esse assunto é de particular relevância, pois não apenas coloca Mackinder em choque com Mahan e com o espírito da época, mas também é ponto de partida para a crítica de Nicholas J. Spykman em sua Teoria do Rimland.

Com isso em mente, discutiremos o terceiro pilar na grande teoria de Mackinder: a **rivalidade entre oceanismo e continentalismo**. Como instrumento explicativo e ilustrativo de sua tese, Mackinder recorreu à História para apresentar como, desde os primórdios das cidades-Estado gregas até a sua época – a primeira metade do século XX –, era possível verificar a rivalidade entre o poder marítimo e o terrestre na luta pela hegemonia.

Quadro 2.1 – Conflitos históricos à luz da oposição oceanismo *versus* continentalismo

Período histórico	Nome do conflito	Antagonistas principais
Idade Antiga	Guerra do Peloponeso	Atenas x Esparta e demais aliados
	Guerras Médicas	Cidades-Estado gregas x Império Persa
	Guerras Púnicas	Roma x Cartago
Idade Moderna	Guerra dos Sete Anos	França x Grã-Bretanha (principais)
	Guerras Napoleônicas	França x Grã-Bretanha (e coalizões)
Era Contemporânea	"Grande Jogo"	Rússia x Grã-Bretanha

Fonte: Elaborado com base em Mackinder, 2004; Mello, 1999; Creveld, 2005.

Os conflitos armados interestatais listados no Quadro 2.1 não foram selecionados por Mackinder aleatoriamente. Eles são representativos de uma escolha teórica e metodologicamente orientada para dar conta da interpretação do desenvolvimento histórico à luz da oposição secular entre potências terrestres e marítimas. Outro traço distintivo dessas guerras é que elas são entendidas como desencadeadoras de fortes impactos, seja na mudança do centro de poder, seja na hegemonia. Acima de tudo, fizeram pender entre as potências o mando e a liderança de várias configurações do sistema internacional. Analisando como Mackinder interpretava o antagonismo marítimo e continental, Mello (1999, p. 37) explica:

> As potências terrestres utilizavam-se de sua posição central e de suas linhas interiores para se expandir em direção às regiões periféricas e conseguir saídas para os mares e oceanos. As potências marítimas apoiavam-se em sua posição insular e em suas linhas exteriores para dominar as regiões litorâneas e manter as potências terrestres encurraladas dentro dos limites de sua posição intermediária.

Em síntese, afirma que as potências terrestre e marítima, em sentidos opostos (mar-terra/terra-mar), manobravam estrategicamente em seus processos de expansão. Destaca-se nessa leitura geo-histórica a premência da localização e do território como fator fundante da direção tomada pelo Estado. Mais importante ainda, a pulsão expansionista, já detectada nos primórdios da geografia política, é trazida à tona na formulação geopolítica de Mackinder. Estados podem não ser considerados organismos vivos, submetidos às leis da biologia, mas têm, contudo, o desígnio de expandirem-se no ensejo de sobreviver e preponderar.

Assim, o conflito anglo-germânico, que se arrastava desde o final do século XIX até a formalização das hostilidades, com a eclosão da Primeira Guerra Mundial, não apenas ameaçava o equilíbrio do poder europeu, erguido das cinzas das Guerras Napoleônicas por diplomatas como Metternich, Castlereagh e Talleyrand (Kissinger, 1973), mas também colocava em xeque a hegemonia da Grã-Bretanha entre as potências.

Explicando esse raciocínio, entende-se que a tese defendida por Mackinder "era a de que o Poder Terrestre poderia conquistar as bases do Poder Marítimo, caso conseguisse adicionar à sua retaguarda continental uma frente oceânica que lhe possibilitasse tornar-se um Poder Anfíbio, simultaneamente terrestre e marítimo" (Mello, 1999, p. 39).

Esse cenário poderá ser mais bem apreciado à luz da principal contribuição de Mackinder à geopolítica: a **teoria do Heartland**. Segundo Villa (2000), Heartland é o conceito-chave que constitui a pedra de toque da teoria do poder terrestre de Mackinder. Foi com base no conceito inicial de Área Pivô (*Pivot Area*) que se desenvolveu um conjunto poderoso de conceitos, como **Grande Oceano** (*Great Ocean*), **Ilha Mundial** (*World Island*), **Crescente Interno** (*Inner Crescent*), **Crescente Externo** (*Outer Crescent*) e, posteriormente, **Oceano Central** (*Midland Ocean*). Explicaremos esse construto teórico a seguir.

Mackinder apresenta, em sua formulação teórica, uma teoria da história. Distintamente de uma narrativa objetiva sobre acontecimentos humanos, uma teoria da história busca explicar o sentido, as causas e os efeitos dos processos históricos, conectando-os a fatores causais no nível mais geral, relativo a fenômenos econômicos, sociais ou políticos.

Concepção marxista da história
A luta de classes é vista por Marx como o **motor da história**. Para o teórico alemão, os principais fatores da dialética da mudança social e do devir histórico residem nas relações de produção e em sua estratificação social classista. Mello (1999) demonstra que a conexão Marx-Mackinder é interessante para ressaltar como ambos apresentam o que poderíamos chamar de *teorias da história* (Marx; Engels, 1998; Aron, 1999).

Para Mackinder, o entendimento do mundo como unidade compacta, o primado da causalidade geográfica e a oposição terra-mar constituíam os pilares centrais de sua concepção da história[14]. Tradicionalmente, o intelectual do início do século XX era educado para pensar a distribuição da água e da massa territorial do planeta em quatro oceanos e cinco continentes[15]. Em seu desenvolvimento da teoria do Heartland, Mackinder subverte esse esquema mental. Mas como ele faz isso?

Vamos pensar juntos: oceanos e mares são elementos separadores dos continentes, a exemplo da América – que é uma massa contígua de terra – e da Antártida. Entretanto, dividimos a Europa da Ásia e esta da África, sendo essas massas contíguas de terra. Os Urais não separam fisicamente a Europa da Ásia, assim como os Pirineus não dividem a Europa em dois continentes. A Península do Sinai e a região do Canal de Suez ligam o continente africano ao asiático, assim como a América Central e seu istmo ligam a América do Norte à do Sul.

Essa breve reflexão nos permite considerar nossa construção mental sobre a forma como a geografia política e a cartografia representam a verdade, que consiste em um construto histórico, político e cultural. As condicionantes geográficas não são necessariamente fatores que levam à divisão ou à união entre povos e continentes, mas, sim, processos históricos longos e profundos. Baseado nessa linha de raciocínio, Mackinder desenvolve a ideia de *Ilha Mundial*, a qual marca o contexto geográfico da existência de uma área pivô, denominada *coração continental* ou *Heartland* (Mackinder, 2004).

---

14 Mello (1999) desenvolve uma valiosa e profunda análise acerca dos elementos metateóricos na formulação da teoria do Heartland (Mackinder).

15 Oceanos Atlântico, Pacífico, Índico e Ártico, sendo os continentes Europa, Ásia, África, América e Antártida.

Distinto do fracionamento do mundo em vários oceanos e continentes, Mackinder arguiu pela existência de uma Ilha Mundial, constituída por Eurásia e África, a qual seria banhada pelos mares daquilo que o autor chamou de *Grande Oceano*. Na verdade, Mackinder entendia como arbitrária a divisão dos mares, vendo-os como a única superfície líquida do planeta (Mello, 1999; Flint, 2006). Longe dessa enorme concentração de terra (Eurásia e África), as Américas e a Austrália eram encaradas como ilhas-continente, orbitando a grande Ilha Mundial. Esse esquema mental é representado em seu famoso mapa de 1904.

Figura 2.1 – O mundo segundo Mackinder (1904)

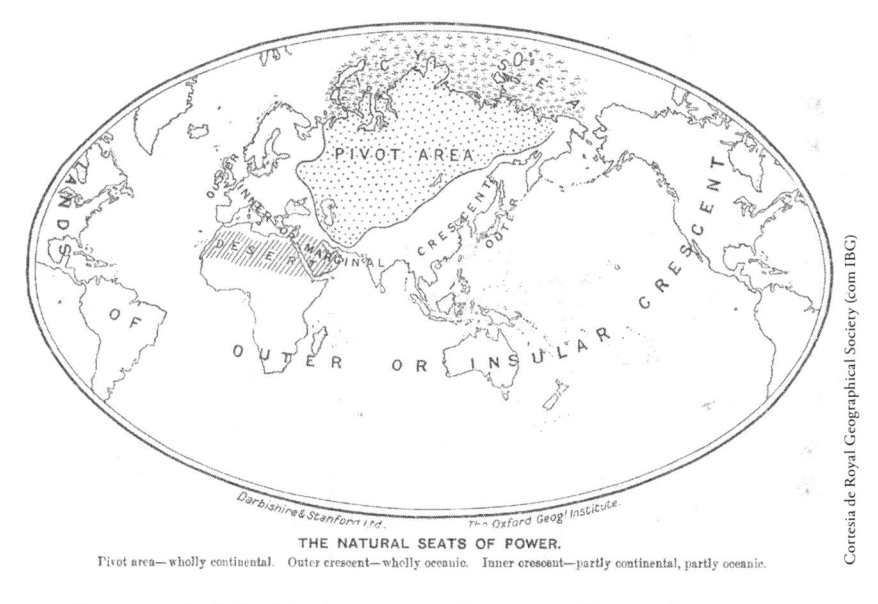

THE NATURAL SEATS OF POWER.
Pivot area—wholly continental. Outer crescent—wholly oceanic. Inner crescent—partly continental, partly oceanic.

Cortesia de Royal Geographical Society (com IBG)

O mapa de Mackinder reorganiza nossa forma de enxergar o mundo, afetando severamente nossa visão sobre as relações internacionais e os centros de poder. Sobre isso em particular, o maior perdedor no que se refere à reconfiguração espacial da política internacional é a Europa Ocidental. Um dos aspectos mais magistrais de *The Geographical Pivot of History* (Mackinder, 2004) consiste em lançar luz sobre a então oculta história do processo de expansão ao leste da Rússia. Mas não se resume a isso. Mackinder também demonstra como a civilização ocidental europeia se desenvolve em uma relação de subordinação à história asiática, em que "a dialética das invasões asiáticas *versus* reação europeia forneceu a Mackinder o nexo da correlação histórico-geográfica global que embasa sua teoria do poder terrestre" (Mello, 1999, p. 44). No campo da geografia, Mello (1999) aponta acertadamente que Mackinder rebaixa a Europa a uma península da Eurásia, mudança manifesta na cartografia, em que "a Europa foi deslocada da posição axial que ocupava na projeção de Mercator, cedendo lugar a *Pivot Area*, região basilar da massa terrestre euroasiática" (Mello, 1999, p. 43).

Convém destacar que Mackinder não reduz a importância estratégica da Europa, do Oriente Médio e da China; contudo, retira dessas áreas a centralidade para outra região da Eurásia: a Área Pivô. Segundo Mello (1999, p. 45), "Tal conceito foi cunhado por Mackinder para designar o núcleo basilar da grande massa euroasiática que coincidia geopoliticamente com as fronteiras russas do início do século". Vale a pena ler o original de 1904 de Mackinder, de forma a degustar intelectualmente os detalhes históricos da construção do espaço nacional russo. Nesse ponto, torna-se clara a influência da geografia política germânica no pensamento mackinderiano.

A *Área Pivô*, ou *Heartland*, denominação datada de 1919, era, acima de tudo, uma ideia estratégica. Apesar de Mackinder alterar sua cartografia do Heartland em busca de precisão histórica, a força explicativa dessa ideia e a capacidade de organização mental e política que fornecia a analistas e formuladores de política resistiram ao tempo. Mais importante do que seus impressionantes limites (formulados em 1904 e radicalmente alterados no livro *Democratic Ideals and Reality*), o Heartland mantinha-se estratégico e geopoliticamente ilustrativo de uma parte do globo cujo controle conferiria a quem o possuísse um excedente de poder dificilmente balanceado. Dessa forma, uma balança de poder contra a potência terrestre controladora do Heartland não seria viável, imprimindo, assim, o caminho para a supremacia global, ilustrada pelo famoso aforisma mackinderiano publicado na obra citada, em que afirma: "Quem domina a Europa Oriental controla o Heartland; quem domina o Heartland controla a World Island; quem domina a World Island controla o mundo" (Mello, 1999, p. 56).

Conforme observado, o edifício teórico de Mackinder repousa em fundações conceituais explícitas. Se a teoria do Heartland é contextualizada geograficamente pela existência de um *Grande Oceano* e de uma *Ilha Mundial*, que reforçam sua proeminência estratégica, outros conceitos, como de *Crescente Interno*, *Crescente Externo* e *Oceano Central*[16], serão fundamentais para a construção explicativa do geopolítico inglês.

O Heartland, além de constituir um espaço no globo privilegiado do ponto de vista dos recursos naturais e demográficos, era importante em virtude de seu posicionamento e de suas vantagens defensivas estratégicas. Na visão de Mello (1999, p. 46): "Heartland, rico em planícies, topografia plana que favorecia a mobilidade. Quase totalmente isolada do mundo exterior, grandes rios desembocavam nos mares interiores ou no Ártico. Aspectos físicos faziam da região mediterrânea e enclausurada um baluarte natural".

A descrição anterior ficará incompleta se não adicionarmos a ela uma explanação sobre o conceito de *Crescente Interno*. Circundando de forma contígua o território definido como Heartland, a região constituía a zona de passagem do centro estratégico euroasiático rumo ao extremo da Europa e da Ásia. Nos marcos do antagonismo entre oceanismo e continentalismo, o Crescente Interno compunha uma área de disputa vital para os representantes dessas formas de poder geopolítico. Era, sobretudo, uma **zona de irradiação**, um caminho para a expansão da potência terrestre, etapa fundamental

---

16 Conceito apresentado por Mackinder em *Democratic Ideals and Reality*. Com o conceito de *Oceano Central*, Mackinder antecipa aspectos históricos e estratégicos do final da Segunda Guerra Mundial e da Guerra Fria (Castro, 1999).

para a garantia de segurança de sua integridade física e fronteira próxima para uma futura conversão anfíbia. Por outro lado, essa zona amortizadora poderia ser a "cabeça de ponte" da potência marítima que intentasse confinar o representante do poder terrestre no continente, impedindo-o de obedecer a seus impulsos de expansão.

> **"Cabeça de ponte" na Segunda Guerra Mundial**
>
> Porção de terra em zona costeira utilizada por uma força naval para desembarque anfíbio. Um exemplo histórico da relevância de "cabeças de ponte" foi a tomada das praias da Normandia (França) em junho de 1944 pelos Aliados ("Dia D", Operação Overlord). A maior operação anfíbia da história militar não teria obtido êxito se as forças aliadas não tivessem conseguido controlar as praias para, assim, preparar e realizar as ofensivas que levariam à liberação da França do inimigo nazista (Hart, 1991; Creveld, 2005).

Ao passo que o Crescente Interno poderia ser o espaço de irradiação continental, constituía também uma "barreira física de contenção, a primeira linha de defesa do poder marítimo" (Mello, 1999, p. 47). O Crescente Interno, como zona de confronto e atrito imediato entre potências, era fundamental para o equilíbrio de poder, sua manutenção ou sua ruptura.

Como demonstrado na Figura 2.1, o **Crescente Externo** era a região banhada pelo Grande Oceano, área de atuação central do poder marítimo e caminho estratégico para sua expansão. Enquanto potências como França, Alemanha e Rússia estavam nas regiões do Crescente Interno e do Heartland, o Crescente Externo era povoado por potências insulares, como Japão, Inglaterra e Estados Unidos. Como Mahan já demonstrara no século XIX – apesar de não prever o impacto disso no âmbito tático –, o decorrente tecnológico advindo das revoluções industriais otimizaria sobremaneira os meios navais e encurtaria as distâncias (Crowl, 2001). Mackinder afirmava que essas mesmas inovações colocavam em patamares superiores a expressão terrestre do poder nacional; ao mesmo tempo, tanto ele quanto Mahan entendiam que a tecnologia e a logística poderiam ser utilizadas para constranger o desafio de uma potência ou coalizão de potências que viesse a buscar a preponderância na Europa e no Heartland. Contextualizando o tempo histórico sobre o qual Mackinder desenvolve sua teoria, Mello (1999, p. 57) esclarece:

> Como assessor da diplomacia britânica nas negociações de paz, Mackinder propôs que as potências vitoriosas criassem, na Europa Oriental, uma cadeia de estados-tampões desde o mar Báltico até os mares Negro e Adriático. A função desse *cordon sanitaire* era introduzir uma cunha entre a Alemanha vencida e a Rússia bolchevique, impedindo uma futura aliança da potência situada no centro da Europa com aquela que controlava a região pivô da Eurásia.

A ideia de equilíbrio de poder europeu, com participação ativa da Inglaterra e dos Estados Unidos, está presente em escritos tardios de Mahan, na obra de Mackinder e, principalmente, na de Spykman.

Teoria do Rimland

Em diálogo com o pensamento de Halford Mackinder, o geopolítico americano-holandês Nicholas Spykman trouxe novos elementos para o pensamento geopolítico. Sua teorização sobre o Rimland contribuiu para a estratégia de contenção, amplamente utilizada pelos Estados Unidos contra a União Soviética e, atualmente, contra a China. Um dos desdobramentos políticos que essa teoria geopolítica proporcionou foi a consolidação do processo de saída do isolacionismo no qual os Estados Unidos se encontravam ao defender uma postura mais ativa e até mesmo intervencionista nas relações internacionais. Enquanto a teoria do Heartland considerava que a vantagem estratégica estava no poder terrestre, Spykman entendia que ela estava no poder marítimo.

Professor da Universidade de Yale (Estados Unidos), Spykman foi um dos pioneiros no desenvolvimento da teoria da contenção e também um dos principais e mais influentes pensadores da geopolítica e estratégia dos Estados Unidos em seu momento de ascensão internacional, dos anos 1940 em diante (Flint, 2006). Vimos que Mahan utilizou a história da ascensão da Inglaterra como potência dominante do mundo conhecido para compor sua interpretação do poder marítimo, ao passo que Mackinder se baseou no longo processo de construção do espaço russo e seu espraiamento euroasiático, bem como no choque de vontades entre os impérios de Moscou e Londres. Por sua vez, Spykman seria um vivaz espectador do pós-Primeira Guerra e da Segunda Guerra Mundial, tirando delas importantes aprendizados, sistematizados em sua teoria geopolítica.

Conforme demonstramos, o pensamento do Almirante Mahan colaborou com a orientação de políticas por parte de autoridades estadunidenses desde 1890. Entre essas ideias, a crença de que o posicionamento de um Estado poderia não apenas contribuir para uma vocação terrestre ou marítima, mas também conferir maior ou menor segurança em função de sua localização no globo. Uma posição insular seria *per si* garantidora de segurança. Essa ideia está na base da tese do isolacionismo, tão em voga nos Estados Unidos até meados dos anos 1940. Spykman, no entanto, estava entre os importantes geopolíticos da primeira metade do século XX que se insurgiram contra essa ideia-força. Como profundo conhecedor de política internacional, acreditava que a posição geográfica não garantia segurança, muito menos proteção estratégica, como era esperado pelas condições insulares. A segurança era fruto da vontade e das ações humanas, sob a conduta do equilíbrio de poder.

Para entendermos melhor a crítica de Spykman e sua posterior contribuição geopolítica, temos de colocá-lo no contexto de seu tempo. O quadro histórico em que seu pensamento se desenvolve é aquele do pós-Primeira Guerra Mundial, cuja preocupação central do *establishment* estadunidense era preservar a paz alcançada com a vitória sobre a Alemanha e seus aliados em 1918. O espírito do tempo guiava-se pelo idealismo wilsoniano (de Woodrow Wilson, presidente dos Estados Unidos por duas vezes seguidas, entre 1912 e 1921) e por instituições nele inspiradas, como a própria Liga das Nações. Enfim, a segurança coletiva configurava-se formalmente em um arcabouço jurídico internacional cujo direito se impunha à força como produtor da paz no sistema internacional. Ledo engano. Propositores do sistema de segurança coletiva, os Estados Unidos não seguiram na Liga das Nações. Guiados pelo senso de isolamento estratégico e deliberado, entendiam que sua posição insular lhes garantia maior segurança.

Estados Unidos como uma potência insular

Apesar de não ser uma ilha, os Estados Unidos são considerados uma potência insular. Fatores como a expulsão de potências extrarregionais, especialmente a Espanha, de águas caribenhas ("mediterrâneo americano"); a predominância estadunidense sobre o Pacífico oriental (conquista do Havaí); a construção do Canal do Panamá e as medidas de proteção a esse empreendimento, central à projeção marítima dos Estados Unidos no bifronte oceânico, resultariam na conquista da condição insular. Essa condição geopolítica não se opõe à histórica preferência isolacionista na política externa dos Estados Unidos. Apesar da concepção de isolacionismo, não devemos interpretar que essa orientação tenha sido restritiva da intervenção em assuntos domésticos de países da América Latina, do Caribe e da Ásia. Entendendo existir um perímetro de segurança continental na América e em suas águas circundantes, essa "fortaleza americana" seria objeto de isolamento do mundo exterior e de intervencionismo garantidor de segurança em seu espaço vital (Mello, 1999; Castro, 1999; Mattos, 2002).

Contra essa crença e orientação de política externa, autores como Spykman e Kennan lançaram as bases para aquela que seria futuramente a estratégia de intervenção dos Estados Unidos. Com eles, o pensamento estratégico orientador da política externa rompeu as amarras mentais que o detinham nos âmbitos doméstico e regional (continental) para alçar voos de projeção global de poder.

Embora a ideia de equilíbrio de poder apareça nas obras de Mahan e Mackinder[17], Spykman desenvolveu sua geopolítica e sua geoestratégia explicitamente atreladas às dinâmicas de balança de poder. De acordo com Mello (1999), a ordem e a paz seriam mantidas por um grupo de potências, em que o uso da força e a diplomacia se complementariam como mecanismos do balanceamento e da compensação de forças.

Para Spykman, o isolamento não garantia segurança, tampouco que os Estados Unidos não seriam afetados pelas tendências de conflito oriundas dos grandes centros de tensão internacionais. Eventos como o ataque japonês em Pearl Harbour (1942) e a consequente declaração formal de guerra da Alemanha contra os Estados Unidos condizem com esse argumento.

Spykman entendia os avanços tecnológicos da primeira metade do século XX como fatores fundamentais para demonstrar que os clássicos limites impostos pela geografia à projeção de poder eram agora relativizados pela tecnologia. Se, por um lado, a tecnologia de propulsão a vapor acelerou a velocidade dos navios de guerra no mar e as ferrovias aumentaram a presteza da logística e da capacidade de projetar fogo em terra, por outro, a criação e o incremento do avião de caça e bombardeio levaram os limites da projeção de poder a outro patamar[18]. A possibilidade de aviação envolvendo o uso de porta-aviões salientou uma nova manifestação do poder

---

17 Vale destacar que, em *Democratic Ideals and Reality* (1919), Mackinder reforça sua reflexão em termos de balanceamento, vindo inclusive a propor arranjos cooperativos internacionais voltados a frear a potência terrestre. Ideia básica que seria incorporada na propositura da Organização do Tratado do Atlântico Norte (Otan).

18 Voltaremos a esse ponto ao discutir a expressão *geopolítica do poder aéreo* no próximo capítulo.

nacional, agora sob a forma anfíbia[19] (Moran, 2010). Não menos importante, o desenvolvimento da aviação militar possibilitou o encurtamento das distâncias entre o continente americano e a Eurásia por meio do uso das rotas transpolares, tão bem exploradas no esquema explicativo de Spykman em *The Geography of the Peace* (1944).

Semelhantemente a Mackinder, Spykman realiza uma interpretação geopolítica que reverbera em uma reinterpretação cartográfica. Como o geopolítico britânico, que repensa o mapa político e geográfico do mundo, dando a ele novas tonalidades e desvendando dinâmicas ocultas de poder, Spykman apresenta, por meio da fisiografia, aspectos preocupantes para a formulação estratégica estadunidense.

Diferentemente de Mackinder, que dividiu sua leitura das massas terrestres com foco no eixo eurasiático e nas demais ilhas-continente que flutuam em sua órbita, Spykman lançou mão do **corte em hemisférios** para a compreensão da distribuição terrestre-espacial do globo. Como você poderá notar na Figura 2.2, para Spykman, as duas maiores massas terrestres (Eurásia e América do Norte) situavam-se no Hemisfério Norte (boreal). Austrais, América do Sul, África[20] e Austrália compunham massas de terra dispersas entre si e distantes dos grandes centros e apresentavam densidades de poder globais. No entanto, apesar dessas diferenças, "Spykman compartilha com Mackinder a ideia da unicidade da superfície líquida do planeta e da divisão da superfície terrestre em grandes blocos insulares formados por uma série de ilhas-continente" (Mello, 1999, p. 100). Por outro lado, aproxima-se mais de Mahan do que de Mackinder em sua perspectiva sobre o mar como alicerce do poder americano.

---

19 Abordaremos as consequências desses aspectos no Capítulo 3.
20 Nesse esquema, a África não estava conectada à Eurásia, como na visão mackinderiana.

Figura 2.2 – O mundo visto pelo Polo Norte

No plano cartográfico, a projeção de Mercator[21], alterada por Mackinder – que reforçava a centralidade da *Heartland* –, foi substituída pela projeção azimutal equidistante centrada no Polo Norte[22]. Se, na primeira projeção, a região do leste da Europa até as estepes siberianas tem centralidade, na segunda, a região ártica reforça um

---

21 Projeção cartográfica clássica, que coloca a Europa Ocidental no centro do mundo, como referência no planisfério.

22 Mattos (2002) apresenta uma interessante reflexão acerca dessa mudança cartográfica e de suas implicações para a geopolítica de Spykman. Castro (1999) permite uma leitura mais próxima da geoestratégia sobre esse assunto.

dado perturbador: **a proximidade das massas terrestres da Eurásia e da América do Norte, um golpe fatal na tese isolacionista.**

Essa constatação cartográfica e geopolítica de Spykman resultou em implicações estratégicas severas. A necessidade fisiográfica pela intervenção americana na Europa e na Ásia apoiava o pleito de que o envolvimento estadunidense no equilíbrio de poder não era apenas essencial à sua segurança, mas um condicionante geográfico claro. Essa realidade permitiu a Spykman chamar atenção para o **risco do cerco do Novo pelo Velho Mundo** (Mattos, 2002).

Figura 2.3 – Duplo movimento de cerco geopolítico segundo Spykman

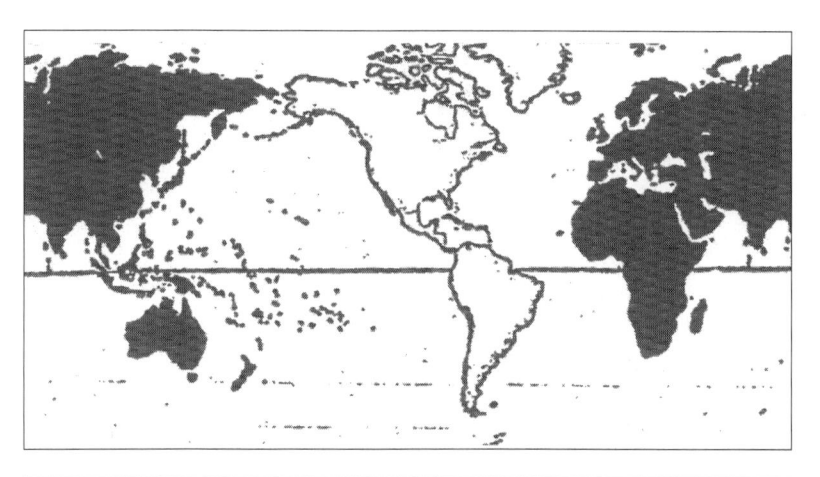

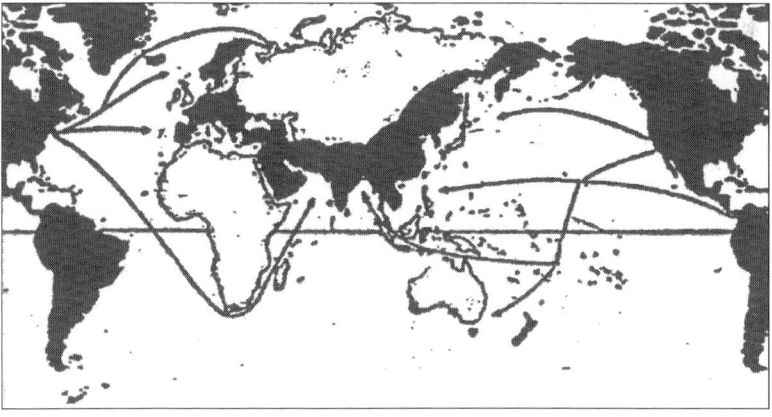

No campo das teorias geopolíticas e da geoestratégia, a principal contribuição de Nicholas Spykman foi a teoria do Rimland. Em diálogo com seus predecessores, como Mahan, foi principalmente com Mackinder que Spykman travou sua batalha no plano intelectual. Primeiramente, a ideia de *Rimland* surgiu como uma resposta ao papel secundário desempenhado pelo Crescente Interno da teoria do Heartland. Para Mello (1999, p. 120), "Geograficamente, o Rimland situava-se numa posição intermediária que se defrontava, por um lado, com o anel desértico e montanhoso que circundava a planície siberiana e, por outro lado, com o semicírculo marítimo que contornava o continente eusariano".

O Crescente Interno era agora o cerne da teoria de Spykman, chamando atenção para os pontos de conexão entre oceano e continente, basilares ao equilíbrio de poder. Nesse sentido, as "fímbrias marítimas" ocupariam papel central em sua teoria, sendo fundamentais para a formulação da grande estratégia dos Estados Unidos no pós-Segunda Guerra, organizada principalmente na teoria da contenção.

Figura 2.4 – Rimland *versus* Heartland

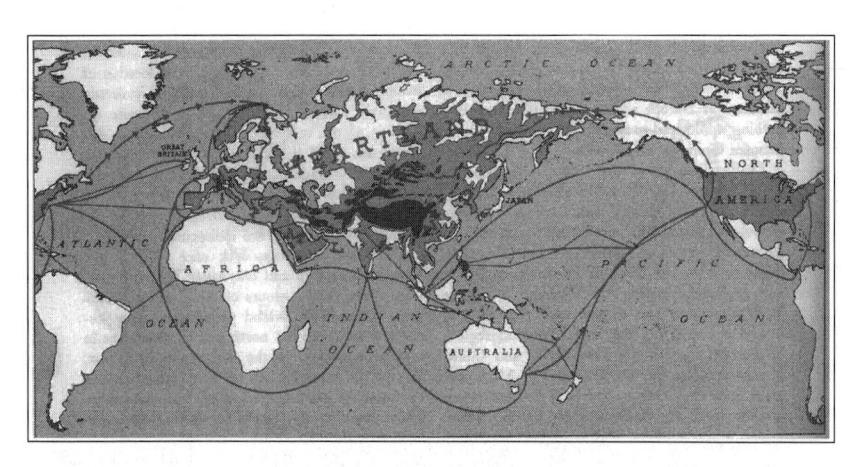

Em *Geography of Peace* (1944), Spykman apresenta uma bem acabada versão de sua contribuição teórica e analítica. Tomando

Mackinder como interlocutor intelectual, ele rebate a centralidade da oposição geo-histórica entre potência terrestre e marítima. Para Spykman, tanto a Primeira quanto a Segunda Guerra Mundial demonstraram que o posicionamento e a orientação geoestratégica de potência (mar/terra) não definiram aliados nem os lados no duelo de vontades expresso no processo bélico global. Em segundo lugar, em vez do controle da Ilha Mundial pela potência que monitora o Heartland, em virtude do excedente de poder não balanceado que esse controle proporcionaria, Spykman entendia que era mais provável que uma potência naval com expressão anfíbia pudesse conter a potência terrestre. Com base no uso de alianças militares e no equilíbrio de poder, seria possível erguer uma barreira estratégica contra o impulso expansionista continental. Como sintetizado por Mello (1999, p. 126) ao reproduzir uma releitura provocativa de Spykman do aforismo mackinderiano, "Quem controla o Rimland domina a Eurásia; quem domina a Eurásia controla os destinos do mundo".

Em síntese, a teoria do Rimland chama atenção para um desafio estratégico. Se o processo centrífugo representado pela projeção de poder dos Estados Unidos para a Eurásia falhar em construir um sistema de alianças resultante no equilíbrio de poder, nada impedirá a realização do pesadelo mackinderiano – o controle do Heartland e, posteriormente, da Ilha Mundial pela potência terrestre dominante – e a conversão da potência terrestre em anfíbia, projetando força contra os Estados Unidos. Em analogia com a tática militar consagrada historicamente, o movimento de pinça nas duas pontas da Europa e da Ásia por parte dos Estados Unidos reverter-se-ia no controle do Rimland como necessidade estratégica e entendimento geopolítico. Dessa forma, o equilíbrio de poder e as alianças militares, discutidas por Mackinder em seus escritos nos anos 1930 e 1940, são a base da prescrição estratégica resultante da análise geopolítica de Spykman.

O que desenvolvemos até aqui sobre teorias do poder marítimo, terrestre e anfíbio constitui patrimônio intelectual fundamental para que você entenda como a geopolítica clássica influenciou a política de poder e a geoestratégia[23] dos Estados Unidos e da União Soviética durante a Guerra Fria. O pensamento geopolítico clássico foi maturado ao longo da competição estratégica entre os Impérios Britânico e Russo até as cinzas da Segunda Guerra Mundial. A euforia da paz de agosto de 1945 não durou muito. A conversão da configuração global de poder da multipolaridade para a bipolaridade trouxe a geopolítica para dentro dos gabinetes presidenciais e das salas de reunião e planejamento estratégico das superpotências em antagonismo. É sobre esse legado que nos debruçaremos a seguir.

2.2 *Fundamentos da geopolítica da Guerra Fria*

Derivando da geopolítica para a geoestratégia, tanto Mackinder quanto Spykman seriam pioneiros dos pressupostos fundamentais da teoria da contenção. A interpretação de Mackinder sobre o Oceano Central e a tese de Spykman sobre o Rimland contribuíram para o processo de construção de alianças militares formais, sendo essenciais também para fornecer a base intelectual da reação diplomática estadunidense contra o que seria, aos olhos desta, um comportamento expansionista por parte da União Soviética.

---

[23] Neste capítulo nos ateremos à leitura das contribuições analisadas no que tange à geopolítica. Sua expressão na geoestratégia será avaliada no Capítulo 3.

> **Alianças militares da Guerra Fria**
>
> Apesar de a Otan (Organização do Tratado do Atlântico Norte) ser a aliança militar mais conhecida, durante a Guerra Fria, um conjunto de alianças militares foi construído no intuito de conter o possível avanço da União Soviética. Centradas no Crescente Interno de Mackinder, organizações como Cento (Central Treaty Organization) e Seato (Southeast Asia Treaty Organization) permitiam à potência marítima estadunidense defender a sua "ilha-continente" e fincar posição em cabeças de ponte no *Rimland* euroasiático. No continente americano não foi diferente; podemos citar o Tiar (Tratado Interamericano de Assistência Recíproca) como parte dessa estratégia global de projeção e contenção de poder (Castro, 1999; Mattos, 2002).

Em conjunto com a dinâmica da Guerra Fria, que forçava a criação de alianças militares defensivas, o fenômeno do regionalismo ganhou força no pós-Segunda Guerra Mundial (Mattli, 1999). Enquanto eram criadas iniciativas integracionistas, como a Comunidade Europeia do Carvão e do Aço (Ceca), surgiam na Ásia alianças regionais, como a Cento e a Seato.

Conforme Castro (1999) e Flint (2006), em virtude de sua alegada associação com o III Reich e o discurso e a prática expansionistas durante a Segunda Guerra, a geopolítica ganhou a reputação de *ciência maldita*. Associada ao nazismo, passou a ser vista não como um saber acadêmico, mas como uma expressão pseudocientífica e ideológica.

A despeito disso, o recuo da geopolítica no ambiente universitário foi acompanhado por um movimento oposto nos governos das grandes potências. Em particular nos Estados Unidos, a geopolítica ganhava atenção de políticos e estrategistas nos primórdios da Guerra Fria. Embora Spykman tenha falecido em 1943, portanto antes do término da Segunda Grande Guerra, e Mackinder tenha morrido em 1947, ambos estavam bem vivos na mente daqueles que pensaram a geoestratégia da Guerra Fria. Pensadores e homens de Estado, como Kennan, Brezezinski e Kissinger, representavam a mais pura expressão do que poderíamos chamar de *geopolítica prática*.

Como é possível constatar na literatura de geopolítica, o fim do equilíbrio mutlipolar no pós-Segunda Guerra possibilitou a **emergência da bipolaridade**, característica da Guerra Fria. Nesse contexto histórico, a geopolítica anglo-saxônica tendeu a explicar o conflito entre as superpotências com base no diálogo teórico entre Mackinder e Spykman. No caso dos Estados Unidos, realizou-se um diálogo intelectual com a **doutrina do navalismo**, do Almirante Alfred Mahan.

Entre as principais marcas da Guerra Fria está seu caráter multidimensional: era uma confrontação histórica entre o poder terrestre e o marítimo, um conflito imperial entre formas de império distintas (EUA – império marítimo, disperso; URSS – império continental, contíguo). Tais fatores demandavam diretrizes estratégicas divergentes, que acionavam as contradições históricas entre essas potências. Por fim, era também uma luta pela supremacia e pelo domínio global em todos os campos da vida humana.

Por sua vez, a teoria do Rimland alertava que as potências em questão – continental e marítima – contavam com objetivos estratégicos diferentes. Vemos claramente essas diferenças na tentativa, por parte da potência terrestre, de alcançar os mares quentes, de forma a expandir sua influência e seu poder pelo globo. Por outro lado, na perspectiva do poder marítimo, havia a necessidade de alcançar uma superioridade marítima, de modo a impedir que o poder terrestre saísse do Heartland. Assim, o domínio do Rimland era essencial e cumpria importante função estratégica. A estratégia de contenção da potência terrestre estava voltada ao controle de mares, estreitos e bacias, para que ela fosse enclausurada em sua faixa de terra inicial.

A geopolítica influenciava a geoestratégia dos Estados Unidos não apenas com a teoria da contenção, mas também com concepções estratégicas de Estado nascidas no processo de formulação da política externa estadunidense. Um exemplo disso é a **teoria do efeito dominó**. Criada no âmbito do National Security Council (NSC), em 1968 (Flint, 2006), essa tese se apoiava na teoria da contenção para justificar a ação ofensiva e intervencionsita dos Estados Unidos em qualquer país do Rimland que estivesse ameaçado de cair na órbita de influência do bloco soviético. A operacionalização dessa estratégia pode ser conferida historicamente, em especial pela doutrina militar-estratégica estadunidense durante a Guerra Fria. Guerras como a da Coreia e a do Vietnã (na verdade, do Sudeste Asiático, pois também englobou o Laos e o Camboja) podem ser entendidas pelo prisma da política de contenção inspirada em Spykman (Brzezinski, 1989). Essa ideia, por exemplo, está por trás da justificativa americana sobre a Guerra do Vietnã e as intervenções no Sudeste Asiático.

Apoiados nos aportes geopolíticos de Maham, Mackinder e Spykman, os Estados Unidos desenvolveram uma estratégia compreensiva para o Rimland. No campo econômico, o Plano Marshall, no pós-Segunda Guerra, evidenciou essa estratégia de aproximação e influência nas periferias do Crescente Interno mackinderiano. Nas perspectivas política e militar, o resultado dessas políticas foi o fomento de acordos de cooperação dos Estados Unidos com mais de 60 países, contando com presença militar efetiva em todo o globo (Ikenberry, 2014). Por outro lado, os contendores geopolíticos dos Estados Unidos na Guerra Fria (União Soviética) e no pós-Guerra Fria (China) nem de perto apresentam uma rede tão robusta de alinhamentos de segurança e defesa, mesmo em suas próprias áreas de influência. De acordo com Ikenberry (2014), o legado da geopolítica na estratégia global dos Estados Unidos permitiu que o país operacionalizasse os clássicos pressupostos da **balança de poder** com maestria. Com isso, recebeu substanciais dividendos em segurança.

A balança de poder começou a fazer parte, de forma explícita, da geopolítica de Mackinder, quando este observava que, sem a cooperação dos Estados Unidos, não seria possível para a Grã-Bretanha balancear o excedente de poder germânico e soviético. Nesse sentido, seu conceito de *Oceano Central* é basilar para a geopolítica da Guerra Fria, como o foi ao influenciar intelectualmente o que viria a ser a Otan (Flint, 2006). Em uma perspectiva mais próxima ao que Agnew (2008) chamaria de *hegemônica*, os Estados Unidos teceram uma robusta rede de articulação com os países banhados pelo Pacífico por meio da *Asia-Pacific Economic Cooperation* (Apec). Assim, somando as vertentes militar (alianças) e econômico-comercial, os Estados Unidos arquitetaram as bases para manter seu poder global e influenciar decisivamente os desígnios da ordem internacional pós-Guerra Fria.

Ao que parece, as ideias de Mackinder não foram esquecidas nem no pós-Segunda Guerra Mundial nem no pós-Guerra Fria. Voltadas a explicar uma possível geopolítica e as estratégias britânicas contra a ameaça premente de uma potência terrestre detentora do Heartland, suas ideias acabaram por influenciar sobremaneira a geopolítica e as estratégias não só dos Estados Unidos, mas também da União Soviética. Por exemplo, no que tange à expansão centrífuga do Heartland para as fímbrias marítimas da Ilha Mundial, é possível afirmar que a "ameaça de isolamento estratégico, em virtude do domínio dos mares pelo Ocidente democrático, inspirou o Almirante russo Gorshkov a criar uma doutrina geopolítica [...], justificando a instalação de bases navais soviéticas espalhadas em países de governo comunista ou pró-Moscou" (Mello, 1999, p. 25).

Como eco dessa conexão Mackinder-Rússia, os primeiros anos do século XXI parecem reafirmar a validade da força atemporal da geografia na condução da política e da estratégia. Como afirma Mattos (2002, p. 28):

A Federação Russa, núcleo de poder de Moscou que resistiu ao processo de desagregação da União Soviética, está se reestruturando a fim de vir a ocupar o seu lugar no cenário estratégico mundial. Após 10 anos de instabilidade política e econômica, agora sob a liderança do presidente Putin, a Federação Russa anuncia sua nova estratégia: a criação de um centro de poder euroasiático. Isto implica, sem abandonar a sua doutrina geopolítica de poder terrestre de Mackinder, a formulação de uma nova estratégia que pretende deslocar a "aréa pivô", predominantemente europeia, para uma posição mais a leste, abrangendo maior faixa de território centro-asiático.

Apesar da sólida crítica de Spykman a Mackinder e da formulação da teoria do Rimland e consequentes desdobramentos (como a teoria da contenção), a teoria do poder terrestre mostra-se viva e atual. Embora não figure constantemente nos estudos analíticos sobre geopolítica global, continua presente na mente dos formuladores de política. Dessa forma, a oposição entre oceanismo e continentalismo mantém-se mesmo com o acréscimo de outros protagonistas à sua trama, como a China[24].

Progressivamente, a geopolítica se articula com a estratégia (política e militar), resultando em contribuições no campo da geoestratégia. Se antes a conexão entre política, história e geografia dava conta da explicação de fenômenos complexos da geopolítica, cada vez mais novas variáveis foram trazidas para a produção de interpretações mais robustas da complexa realidade intelectual do século XX. Para que possamos entender com clareza esses desenvolvimentos geopolíticos, no próximo capítulo nos debruçaremos sobre a relação entre a geopolítica e a geoestratégia, dando especial atenção ao modo como as principais contribuições da "arte militar" influenciam a geoestratégia.

---

24 Abordaremos o desafio geopolítico das potências revisionistas no Capítulo 5.

> **Para saber mais**
>
> MELLO, L. I. A. **Quem tem medo da geopolítica?** São Paulo: Hucitec; Edusp, 1999.
>
> Uma das obras mais citadas sobre geopolítica no Brasil e de fundamental importância para a vitalidade do campo no país. Fruto da tese de livre-docência do referido autor, brinda o leitor não apenas também com uma profunda análise de teorias geopolíticas, mas com uma audaciosa proposição sobre a validade explicativa da teoria do Heartland, de Halford Mackinder.

Síntese

Neste capítulo, apresentamos as principais teorias clássicas da geopolítica: a teoria do poder marítimo, a teoria do poder terrestre e a teoria do Rimland. Cada uma delas atende um período histórico distinto, mas, como observamos, são combinadas para se pensarem opções geopolíticas para a Guerra Fria. Vimos que a geopolítica da Guerra Fria, especialmente a teoria da contenção, e o comportamento estratégico dos Estados Unidos e da União Soviética podem ser explicados pelas teorias geopolíticas apresentadas. A compreensão dos conceitos e das explicações geopolíticas desenvolvidas entre o final do século XIX, com Mahan, e a década de 1940, com Spykman, é fundamental não apenas para entender a Guerra Fria, mas também para perceber a nítida articulação entre a geopolítica e as estratégias política e militar no século XX, produtoras da geoestratégia.

Questões para revisão

1. O Almirante Alfred Tayer Mahan entendia que havia um conjunto de fatores decisivos para a conversão de um país num poder marítimo. Indique a alternativa **incorreta** quanto às atribuições necessárias apontadas por Mahan:
   a. Política de governo.
   b. Extensão territorial.
   c. Cultura superior.
   d. Posicionamento.
   e. Caráter nacional.

2. Segundo Mello (1999), Mackinder postula sua teoria sobre três pilares teóricos. Quais são esses pilares?
   a. Sistema político fechado, história universal baseada na causalidade cultural e luta pela supremacia entre o poder marítimo e o poder terrestre.
   b. Sistema político fechado, história universal baseada na causalidade geográfica e luta pela supremacia entre o poder marítimo e o poder terrestre.
   c. Sistema político aberto, história universal baseada na causalidade geográfica e luta pela supremacia entre o poder marítimo e o poder terrestre.
   d. Sistema político aberto, história universal baseada na causalidade cultural e luta pela supremacia entre o poder marítimo e o poder terrestre.
   e. Sistema político fechado, história universal baseada na causalidade histórica e luta pela supremacia entre o poder marítimo e o poder terrestre.

3. Assinale a alternativa correta no que tange à direção da expansão da potência terrestre (Rússia/União Soviética) para o controle mundial segundo Mackinder:

   a. Heartland, Área Pivô, Crescente Interno, Crescente Externo.
   b. Heartland, Crescente Interno, Crescente Externo, Grande Oceano.
   c. Área Pivô, Heartland, Crescente Interno, Crescente Externo.
   d. Heartland, Crescente Interno, Crescente Externo, Área Pivô.
   e. Área Pivô, Crescente Externo, Crescente Interno, Heartland.

4. Como a teoria do Rimland, de Nicholas Spykman, pode ser útil para se compreender a participação dos Estados Unidos na Guerra do Vietnã?

5. De que maneira o conceito de Oceano Central *(Midland Ocean)*, criado por Halford Mackinder, contribuiu para a formação da Otan?

Questões para reflexão

1. Leia o documento *O longo telegrama*, de George Kennan (disponível *on-line*). Com base em sua leitura, pontue cinco características da análise do diplomata com relação aos conteúdos abordados neste capítulo sobre geopolítica clássica.

2. Entre Mahan, Mackinder e Spykman, qual geopolítico você acha que mais influenciou a elaboração do documento *O longo telegrama*?

Mãos à obra

Tendo como base a teoria do efeito dominó, pesquise a cronologia dos países que entraram na órbita socialista no Sudeste Asiático após 1975. Em seguida, escreva um breve relatório sobre a efetividade ou não dessa teoria.

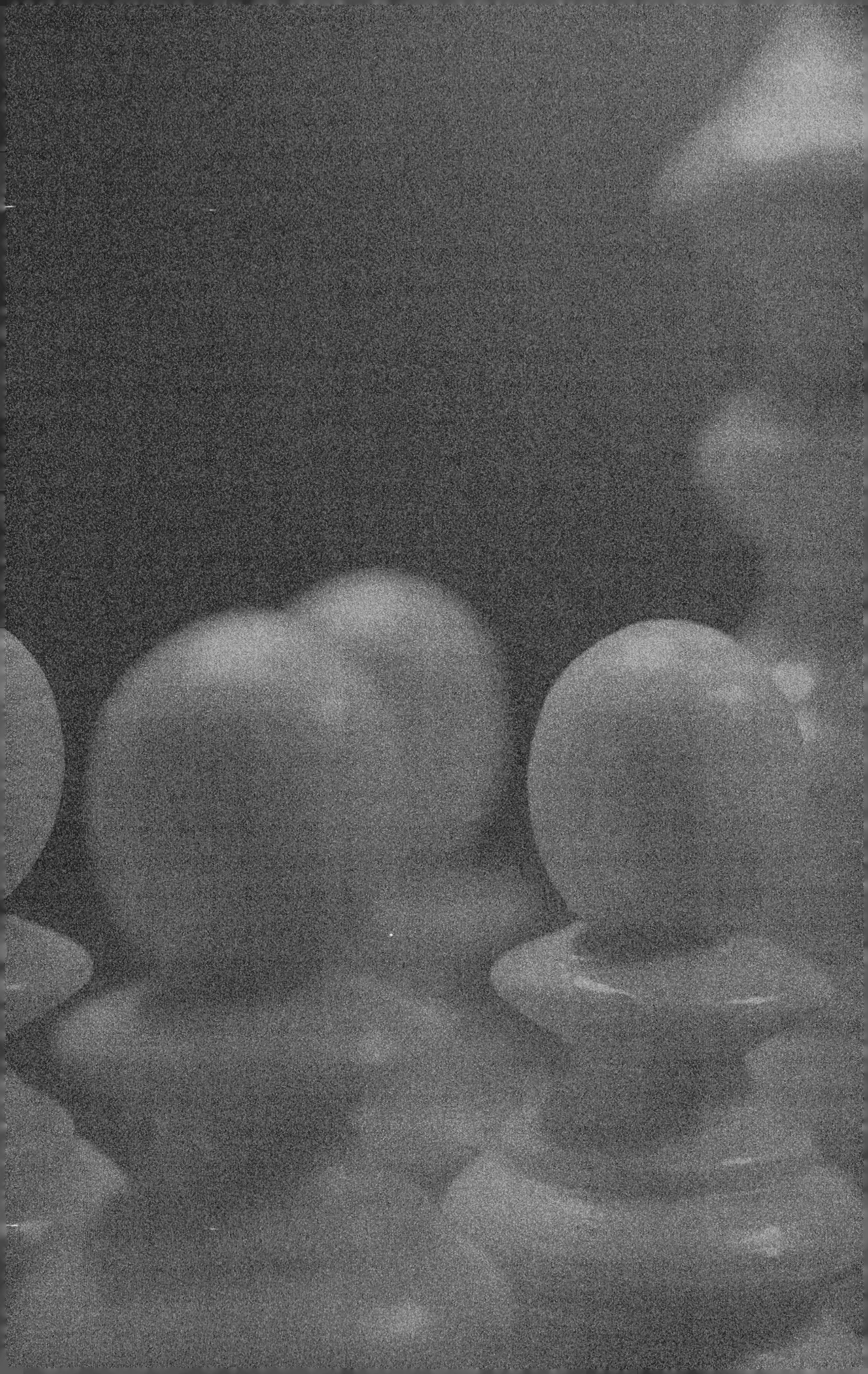

capítulo três

Geopolítica e geoestratégia

Conteúdos do capítulo

- Diferenças entre geopolítica e geoestratégia.
- Incorporação da dimensão militar ao pensamento geopolítico.
- Expressões terrestre, marítima e aérea do poder militar.

Após o estudo deste capítulo, você será capaz de:

1. analisar, com base nas teorias geopolíticas clássicas, a incorporação do componente militar e estratégico nas Grandes Guerras e na Guerra Fria;
2. compreender a relação entre meios e instrumentos militares e a projeção de poder na arena da guerra tridimensional no século XX;
3. interpretar conflitos internacionais dos séculos XX e XXI à luz do ferramental da geopolítica e da geoestratégia.

Neste capítulo, apresentaremos a articulação entre a geopolítica e a geoestratégia. Das cidades-Estado gregas ao Estado nacional, os objetivos das unidades políticas que se valem da geopolítica normalmente as colocam em choque com outras unidades, levando-as a antagonismos e resultando, por vezes, no uso da força e na guerra. Sendo assim, o controle político do espaço, promovido pelo saber geopolítico, coloca-o em interação com outra vertente de conhecimento: a estratégia. Veremos, portanto, as contribuições das teorias geopolíticas no campo da geoestratégia, assim como os fundamentos teóricos (teoria estratégica) por trás dessas ideias. Esses conteúdos serão fundamentais para a compreensão das expressões marítima, terrestre e aérea do poder militar, central para a geoestratégia.

3.1 *Conceito de geoestratégia*

Como vimos no capítulo anterior, cada geopolítico analisado contribuiu com o pensamento estratégico de seu tempo. Se Mahan trouxe contribuições ao saber geopolítico nos primórdios da disciplina, isso foi feito em um diálogo com a história, a estratégia e a tática, cujo escopo era a guerra no mar. Mackinder, ao desenvolver a teoria do Heartland, tinha em mente como a geografia (des) favorecia o uso da força militar; ele também conhecia a estratégia e a logística das potências em sua rivalidade histórica entre oceanismo e continentalismo. Spykman, por sua vez, utilizando-se da cartografia para representar o advento do poder aéreo e a conexão mar-terra como opção anfíbia, desenvolveu a teoria do Rimland, dotando os Estados Unidos de elementos para a organização de sua grande estratégia. Esta passou a incluir um relevante componente militar e de força, sofisticado por Kennan, Brzezinski e Kissinger. Segundo Castro (1999, p. 22):

Podemos, então, concluir que a Geopolítica é a relação entre a Geografia e a Política, enquanto a Geoestratégia é a relação entre a Geografia e a Estratégia. Tanto a Política quanto a Estratégia se ligam às condições internas e externas de um Estado, sendo governadas por fatores geográficos.

Não podemos desconsiderar ao fato de que os geopolíticos clássicos refletiam sobre uma realidade cujas relações internacionais eram pautadas por interações de força, coerção e violência. A guerra era um resultado comum das interações estratégicas interestatais. Se esta constituiu o ponto de partida para a sistematização da geografia desde tempos imemoriais, o bélico continuou a fazer parte do arcabouço mental da geopolítica. Nessa perspectiva, Andrade (1993, p. 8) afirma que "os estudiosos dos problemas militares, da estratégia, procuram adaptar o conhecimento geopolítico a uma política de guerra, ofensiva ou defensiva, dando origem a um ramo do conhecimento que vem sendo dominado de Geoestratégia".

É lícito afirmar que a guerra é uma manifestação da política. Segundo Clausewitz (2010), a guerra é a continuação da política por outros meios. A política confere os objetivos cujos esforço bélico e atos de força constituem os meios pelos quais a vontade é realizada. Se na geopolítica a geografia determina a política, na geoestratégia a geografia condiciona a escolha e a configuração da estratégia voltada à realização dos objetivos de uma comunidade política. Mattos (2002, p. 26) afirma que "a Geopolítica foi, durante o século XX, a principal inspiradora da Estratégia de Poder das superpotências políticas".

Em complemento à compreensão de Mattos (2002), devemos mencionar que, ao lado da geopolítica como influenciadora da geoestratégia, estão a própria estratégia e a teoria da guerra – fundamentos que ligam fatores geográficos, históricos e políticos aos imperativos do uso da força militar nas relações internacionais. A existência de teorias da estratégia e da guerra atesta que esse tipo de conhecimento se volta ao problema da violência organizada entre comunidades políticas. O poder militar projetado na interação estratégica entre Estados, forma predominante de comunidade política, não ocorre no vácuo. A força desdobra-se no espaço, em territórios, domínios e geografias. Apesar de a guerra em terra ser a primeira forma de beligerância que associa a necessidade do saber militar ao conhecimento da geografia física, a guerra no mar e sua derivação em novos domínios – aéreo, espacial, cibernético etc. – provocam reflexões constantes e adaptações sobre como o ambiente afeta e possibilita a projeção de força, favorecendo tanto a formulação da estratégia quanto da tática. Por mais distintas que sejam as manifestações da guerra na terra, no mar e no ar, a geografia e o meio impactam na conduta da guerra.

> Questões concernentes às características da guerra, como os efeitos do medo, da sorte e da incerteza; a dinâmica de escalada, que guia adversários a medidas extremas; a força superior da defesa; a dificuldade de sustentar ações militares em longos períodos de tempo; a necessidade de adaptação ao inesperado – todas são características familiares aos que lutaram no mar e no ar. (Moran, 2010, p. 125, tradução nossa)

Se a geopolítica aporta subsídios para o desenvolvimento da geoestratégia, é porque uma revolução intelectual precedeu a própria compreensão que o Ocidente europeu tinha sobre a estratégia e a guerra. Na primeira metade do século XIX, antes da emergência dos primeiros geopolíticos, intelectuais como o barão suíço Antoine-Henri Jomini (1779-1869) e o general prussiano Carl von Clausewitz (1780-1831) foram os principais responsáveis por sistematizar uma compreensão racional sobre guerra e estratégia. Apesar da maior penetração do pensamento de Jomini nos meios intelectuais, em razão de seu maior tempo de vida, do acesso aos ciclos acadêmicos ou da facilidade de sua escrita (Proença Jr.; Diniz; Raza, 1999), foi Clausewitz o verdadeiro artífice da revolução no pensamento militar e estratégico desde a segunda metade do século XIX até o término da Primeira Guerra Mundial. Ainda hoje, a teoria da guerra de Clausewitz inspira pensadores e comandantes militares, como o general estadunidense Colin Powell (Strachan, 2008).

Em contraposição à leitura da guerra de Jomini, em que leis e princípios fixos ganhavam forma em aforismos e simplificações generalizáveis, Clausewitz entendia que o propósito de uma teoria da guerra era educar a mente. Essa educação seria possível por uma formulação teórica que pensasse a guerra como **racional**, **nacional** e **instrumental** (Proença Jr.; Diniz; Raza, 1999).

As influências de Jomini e Clausewitz em Mahan e Corbertt

Mahan, por exemplo, nutriu sua reflexão sobre poder marítimo com base em obra militar de Jomini. Numa perspectiva da estratégia e tática naval baseada em princípios e leis jominianos, Mahan buscou adaptar princípios da guerra na terra à guerra no mar. Como exemplo, a afirmação "nunca divida a esquadra" transformou-se em um dizer clássico dessa forma de pensar a estratégia e a guerra. Embora não esteja relacionado diretamente com a geopolítica e a geoestratégia, mas sim com a tática e a estratégia navais, é necessário conhecermos o pensamento militar de Julian S. Corbertt, um importante contraponto a Mahan apoiado em Clausewitz (Proença Jr.; Diniz; Raza, 1999).

Para Clausewitz (2010, p. 7), a guerra consiste num "ato de violência que busca compelir nosso oponente a se sujeitar a nossa vontade". É um ato de força que envolve diversos atores e motivações. Exércitos, governos e povos misturam probabilidade, razão e paixões quando da realização de uma guerra; esses aspectos interferem até mesmo na conduta a ser adotada. Além de ser uma expressão continuada da política, porém por meios violentos, a guerra é uma atividade social.

Em sua complexidade, a estratégia mistura a tentativa de compreensão científica do mundo com as inconsistências e variáveis não controláveis da realidade. Desse modo, ela se constitui em um misto de arte e ciência, cuja fricção, atrito, paixões e vontades perturbam o fluxo racional das interações estratégicas e a compreensão dos eventos bélicos em curso (Williams, 2008). Até o presente, estudar a guerra e pensar a estratégia são desafios centrais. O correto entendimento da natureza da guerra permitiria agir racionalmente sobre ela, levando ao desenvolvimento de uma estratégia efetiva (Clausewitz, 2010).

3.2 *Principais estudos geoestratégicos e a arte militar*

Conforme veremos neste capítulo, a conduta da guerra é influenciada severamente pela geografia. Enquanto a geografia física "define as identidades táticas das forças armadas, moldando também o seu efeito estratégico" (Moran, 2010, p. 125), a geopolítica conduz a estratégia e fecha o ciclo das principais expressões de poder nacional ao articular as vertentes do *krátos* (poder) político e militar, ligação virtuosa entre vitória militar e objetivo político.

Expressão terrestre do poder militar

Embora Clausewitz seja extremamente influente em todo o pensamento militar ocidental, sendo considerada obrigatória sua leitura para qualquer vertente do poder militar, ele escreveu especificamente sobre a guerra em terra. Sua compreensão sobre a vantagem natural da defesa sobre a ofensiva; os desafios e custos da mobilidade dos Exércitos; a relevância do "atrito" para a vitória militar e a fricção como conceito importante para apreender as limitações da teoria da guerra e da estratégia como ciência resultam de suas experiências e leituras sobre a guerra conduzida por exércitos em campos de batalha delimitados, onde o poder naval era, no máximo, acessório à estratégia militar dominante.

Apesar de, muito antes de Clausewitz, a guerra naval ser um desdobramento fundamental da sobrevivência de comunidades políticas, foi o confronto em terra que deu a tônica para o desenvolvimento de uma teoria da guerra. Essa relação, num contexto histórico de profundas transformações em todos os âmbitos, expressa uma articulação virtuosa entre o surgimento do Estado moderno e dos Exércitos, como se fossem dois corpos simbióticos (Creveld, 2005; Williams, 2008). Um Exército, obedecendo ao princípio monárquico ou nacional, costurou a relação entre território, limites e Estado. Seja para garantir as fronteiras, seja para ampliar o domínio, o Exército foi historicamente o vetor da vontade nacional sob a ótica da força. Independentemente da relevância das Marinhas, em última instância, "só Exércitos podem garantir fronteiras e exercer soberania no território" (Moran, 2010, p. 126, tradução nossa).

Dos tempos das convocações temporárias pelo soberano – ao longo da Idade Média – à criação de forças permanentes e profissionais a serviço do Estado absolutista e, posteriormente, nacional, os Exércitos se tornaram corresponsáveis pelo (re)desenho da cartografia de poder. Entretanto, apesar do seu amplo histórico de operações ofensivas, a literatura reitera sua força defensiva. Enquanto as Marinhas têm limitações genéticas para projetar força em ambiente terrestre, os Exércitos a desdobram em qualquer ambiente e teatro de operações em solo. Segundo Moran (2010), a capacidade dos Exércitos de conquistar e manter, e não apenas de destruir, produz um *trade-off*. Por um lado, potencializam as chances de obtenção da vitória política pela força; por outro, aumentam os riscos políticos pelo envolvimento de um tipo de poder que pode mudar um regime ou derrubar um governo no âmbito de uma guerra ilimitada (Moran, 2010).

> ### Centro de gravidade para Clausewitz
>
> Um dos pontos vitais desenvolvidos por Clausewitz refere-se ao "centro de gravidade" do inimigo. Se a guerra consiste na continuação da política por meios de força, com o objetivo de compelir o inimigo à nossa vontade de forma a alcançar a vitória, é necessário descobrir qual o seu ponto vital. Essa área, normalmente situada dentro do território do opositor, poderia ser destruída pelo poder marítimo, mas somente o Exército teria condições de destruí-la, controlá-la e mantê-la. Apenas a expressão terrestre do poder militar conseguiria alavancar a vitória militar em vitória política ao quebrar a vontade do inimigo de lutar, levando-o a submeter-se aos objetivos do vitorioso. O mecanismo que liga o objetivo político à sua realização é a violência; não qualquer forma de força, mas a violência organizada e racionalmente projetada contra um alvo. A natureza da guerra, amparada em sua lógica política, tem na violência o seu meio identificador. Apesar de, por mais de dez mil anos, a humanidade registrar eventos bélicos entre comunidades políticas organizadas, a natureza da guerra como expressão da política pela violência é perene. Embora a conduta da guerra se modifique, seja pela cultura, seja pelos meios tecnológicos e técnicos disponíveis em cada era e lugar, a natureza da guerra subsiste. Nada representa melhor esse entendimento do que a síntese lacônica do General Sherman – um dos líderes militares da União na Guerra Civil Americana – ao afirmar que "guerra é o inferno" e que "guerra é crueldade" (Lantis; Howlett, 2010).

Somadas ao elevado custo político de utilização da expressão terrestre do poder militar, as dificuldades de deslocamento por terra impõem desafios para a mobilidade dos Exércitos. Embora marchas como a de Napoleão, da França até Moscou, com tropas a pé e a cavalo, sejam representativas do esforço logístico das potências terrestres, a mobilidade tradicionalmente foi vista como um ponto a favor das Marinhas e, posteriormente, das forças aéreas. A capacidade dos Exércitos de defender territórios e fronteiras, mitigada pelos custos de mobilidade e de cálculo político atrelados, esbarra também no próprio mecanismo produtor de vitória: o sucesso tático e estratégico. Lembrando que o objetivo da guerra é a vitória, Clausewitz (2010) nos ensina que esta não é apenas militar, devendo também alcançar objetivos políticos.

O desdobramento das forças terrestres busca a vitória por meio de atrito ou manobra. Embora ambos pressuponham o uso da força, o primeiro prioriza o somatório de danos na estrutura combatente inimiga, progredindo a ação até não haver mais condições (militares e/ou políticas) de combater; o segundo, por sua vez, pressupõe a aplicação de violência contra estruturas críticas do inimigo, de forma a atingir a vitória pelo colapso (Hart, 1991; Moran, 2010). Em outras palavras, a primeira abordagem da guerra em terra é considerada **estratégia de ação direta**, e a segunda, **estratégia de aproximação indireta** (Mattos, 1986).

Para o estadista e o estragista militar, definir qual a melhor abordagem estratégica é tão crucial como compreender contra quem se está lutando e qual sua identidade estratégica. Ao lado das abordagens direta e indireta pensadas por Hart (1991), as contribuições orientais são de fundamental importância nesse campo do pensamento militar. De Sun Tzu a Mao Tsé-Tung, é desenvolvido um primoroso pensamento militar caracterizado na tradição oriental de estratégia de aproximação indireta: o sucesso da guerra ocorre ao atacar não o inimigo em si, mas sua vontade de lutar. O atrito cede espaço à manobra. Atacar a estratégia do adversário apoiado em inteligência e mobilidade é o caminho para a vitória militar e, posteriormente, política (Lantis; Howlett, 2010).

O surgimento da insurgência revolucionária, ou da guerrilha, toma como força a procrastinação. Enquanto, no pensamento estratégico convencional, o tempo e a geografia desempenham função de planejamento e ação para a vitória no campo de batalha, para a guerrilha, o tempo é elástico e a geografia, essencial para o transcurso da ação defensiva, ofensiva e de apoio insurgente. Mao Tsé-Tung desenvolve uma teoria da guerrilha, amplamente aplicada em conflitos posteriores, em particular no Vietnã, sob a condução política de Ho Chi Min e militar do General Ngien Giap. Essa teoria entendia que a guerrilha se dividia em fases: (1) defensiva, (2) de intensificação guerrilheira e, por fim, após consolidar uma força armada convencional, (3) de confrontação convencional rumo à vitória decisiva (Mattos, 1986; Lantis; Howlett, 2010).

Muito antes da teorização de T. E. Lawrence sobre a insurgência e do desenvolvimento da teoria da guerrilha de Mao, Mackinder debatia-se com os desafios geopolíticos e estratégicos enfrentados por um Império Britânico ameaçado, uma Alemanha em ascensão e uma Rússia em posição de aproveitar as vantagens tecnológicas de seu tempo. Por trás do desenvolvimento da teoria do Heartland, dois eventos bélicos contemporâneos ao geógrafo inglês permitiram-lhe fazer algumas considerações: a guerra entre o Reino Unido e os colonos bôeres na África do Sul (1899-1902) e a Guerra Russo-Japonesa (1904-1905).

Tanto o Império Britânico quanto o Russo se projetavam muito além de suas fronteiras naturais, desdobrando força e meios militares a mais de 5 mil quilômentros de suas capitais. Ambos – o primeiro por mar, o segundo por terra – eram representativos de vultosos processos de expansão e militarização oceânica e terrestre. Contudo, uma diferença no campo da geoestratégia poderia dar vantagem a Moscou. Segundo Castro (1999, p. 117), "Mackinder fundamentou seu Heartland na inviolabilidade do Poder Terrestre, visto que, posicionada na Eurásia, essa região geoestratégica defronta-se com o Ártico, bloqueado pelos gelos, constituia uma região protegida contra as ações do Poder Marítimo".

A retaguarda geoestratégica do território russo possibilitava a defesa do Heartland, oferecendo vantagens defensivas naturais. Enquanto o Reino Unido desdobrava força no ambiente incerto dos mares, a Rússia desenvolvia seu geopoder em uma longa área contígua, capaz de projetar-se para o Crescente Interior e, posteriormente, para os mares, como demonstra o conflito com o Japão no início do século passado. Esse exemplo relembra que o poder terrestre poderia desenvolver a expressão marítima do poder nacional, conferindo, assim, maior mobilidade à sua expansão continental-marítima. Em *Democratic Ideals and Reality* (1919), Mackinder lança bases para a geoestratégia da Guerra Fria. Em seu esquema, ele via Inglaterra e Japão como potências marítimas partícipes do Crescente Interno. Assim sendo, uma aliança militar do Atlântico Norte (posteriormente constituída sob a Otan) e o Japão seriam peças centrais para o exercício do equilíbrio de poder e o balanceamento das forças continentais, como Alemanha e Rússia[1].

Como vimos, Mackinder tinha boas razões para temer o surgimento de uma potência ou uma união de potências capazes de dominar o Heartland e a Ilha Mundial. Os principais candidatos a realizar tal feito eram Rússia e Alemanha. Nesse sentido, se a teoria de Mackinder começava a ganhar a geopolítica em 1904, seu pensamento fez eco tanto na Rússia quanto na Alemanha. Neste país, o principal expoente da geopolítica e da geoestratégia foi o general geógrafo Karl Haushofer, diretor do Instituto Geopolítico de Munique.

Professor da Universidade de Munique, Haushofer desenvolveu uma geopolítica baseada nas teses de autores como Ratzel, Kjellén e Mackinder. Conceitos como o de *espaço vital* ganharam novo fôlego no contexto da ascensão do III Reich e da retomada da busca desse espaço na marcha ao leste após invasão à URSS desencadeada pela Operação Barbarossa (1941). Como alertam Mello (1999) e Castro (1999), embora o Reich se utilizasse de expressões caras à geopolítica de Haushofer e do próprio legado de Ratzel e Kjellén, o conteúdo prescritivo do General Haushofer era claramente distinto

---

[1] Castro (1999) desenvolve amplamente como esse raciocínio coloca Mackinder entre os pais da teoria da contenção.

da real geopolítica do III Reich (Flint, 2006). Em uma concepção que, nas relações internacionais, chamaríamos de *multipolar*, o general argumentava pela divisão do mundo em pan-regiões, cada uma delas submetida a um Estado-diretor. Vejamos a Figura 3.1 a seguir.

Figura 3.1 – Pan-regiões de Haushofer

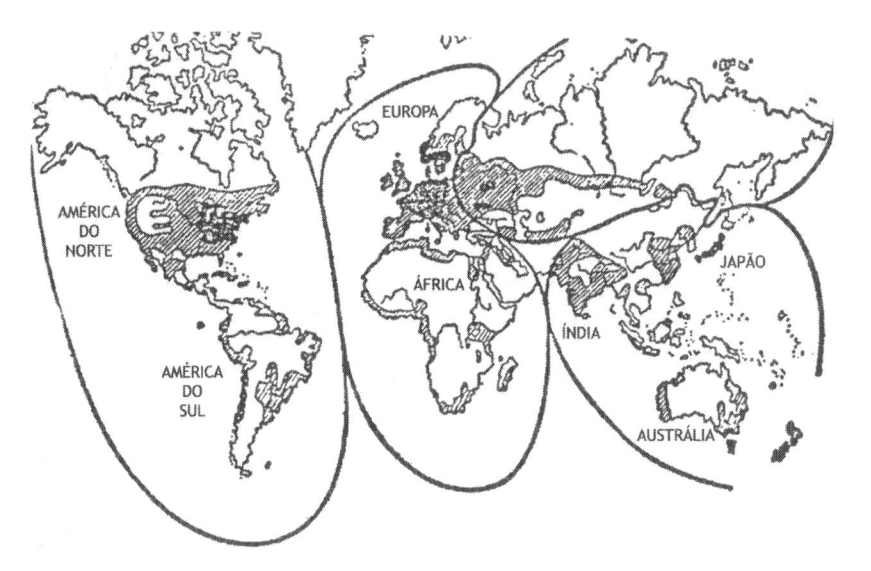

Essas regiões e os países líderes tinham um aspecto em comum com relação à política internacional e à geoestratégia da época: Estados Unidos (Pan-América), Alemanha (Eurásia), Rússia (Pan-Rússia) e Japão (Coprosperidade da Grande Ásia) compartilhavam a condição de potências emergentes, revisionistas ou reformistas do *status quo* e equilíbrio de poder centrado nas potências tradicionais da Europa Ocidental, com o Reino Unido como fiel da balança[2]. Se a teoria do Heartland foi bem acolhida em Munique (Alemanha), o mesmo ocorreu na União Soviética com estrategistas como Gorshkov nos primeiros anos da Guerra Fria. Com o

---
2 Composição de cada região: Pan-América (países do continente americano); Eurásia (Europa, Oriente Próximo e África); Pan-Rússia (Rússia, Irã e Índia); Coprosperidade da Grande Ásia (China, Japão, Coreia, Indonésia e Oceania) (Cairo, 2008).

intuito de operacionalizar o saber geopolítico, em diálogo com as necessidades da estratégia militar, os teóricos da contenção levaram a geoestratégia a outro patamar.

Mapa 3.1 – As três frentes estratégicas da Guerra Fria

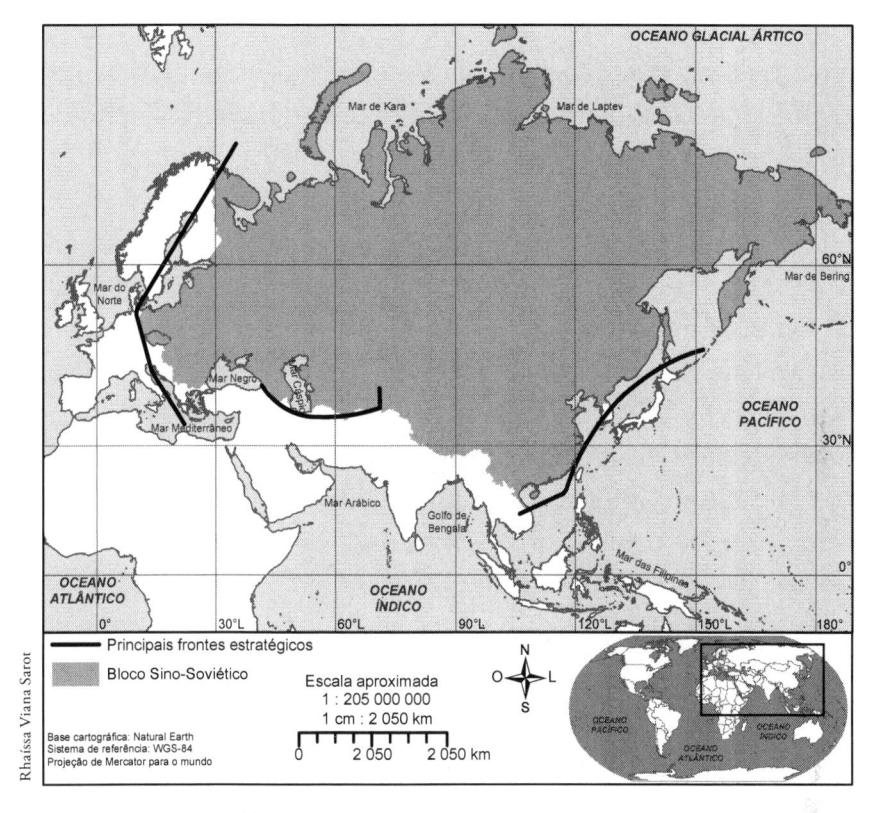

Fonte: Adaptado de Brzezinski, 1998, p. 7.

Nos anos 1940, teóricos americanos depararam-se com a obrigação de compreender o desafio geoestratégico que enfrentavam. Com base no legado de Mahan e Spykman, George F. Kennan seria fundamental para mudar a política externa dos Estados Unidos poucos anos após a Segunda Guerra Mundial. Como embaixador em Moscou, Kennan enviou um telegrama[3] informando as autori-

---

3 Conhecido como "The Long Telegram", está disponível integralmente em: <http://digitalarchive.wilsoncenter.org/document/116178> (Wilson Center, 1946).

dades estadunidenses do que pensava ser um ímpeto expansionista da União Soviética; os Estados Unidos não estavam preparados para lidar com essa situação, ainda sob a euforia do pós-Guerra[4].

Se Kennan explicou o contexto dos primeiros anos da Guerra Fria, cujos momentos mais dramáticos foram o Bloqueio de Berlim (1954) e a Crise dos Mísseis[5] (1962), Kissinger foi central para a política e a teoria da contenção na Guerra do Vietnã (1965[6] a 1973), e Brzezinski, na "participação" americana durante a Guerra do Afeganistão após a invasão soviética (1979-1989).

Spykman, Kennan, Kissinger e Brzezinski articulavam as três dimensões da guerra (terra, mar e ar) na composição geoestratégia. Contudo, ancorados no primado mahaniano da superioridade do poder marítimo sobre o terrestre, priorizavam em seus esquemas a capacidade da potência dominante do Crescente Externo de conter a potência terrestre em sua posição continental. Assim sendo, para melhor compreensão dessa geoestratégia e de seus desdobramentos no pensamento militar, é necessário abordar a guerra no mar.

Expressão marítima do poder militar

O mar sempre foi um desafio para as coletividades humanas. Sendo um obstáculo natural às comunicações internacionais, constitui-se, para alguns, uma barreira simbólica (além-mar) e um complemento à identidade (mentalidade oceânica). Acompanhando a história humana desde o surgimento da linguagem escrita, a guerra também teve sua expressão naval muito antes da construção do Estado como o conhecemos hoje. Da Batalha de Salamina, das Guerras

---

4 Usando o pseudônimo *Author X*, Kennan publicou o telegrama na revista *Foreign Affairs* com o título *The Sources of Soviet Conduct* (Kennan, 1946).

5 É de fundamental importância a leitura do clássico *The Essence of Decision*, de Graham T. Allison.

6 Embora os Estados Unidos tenham se aproximado do Vietnã do Sul desde a derrota francesa na Guerra da Indochina, foi em 1965 que a presença militar americana passou por um notável incremento, e cada vez mais os grupos de assessores militares e forças especiais foram substituídos por forças convencionais.

Púnicas e da Batalha de Lepanto à derrota da Invencível Armada, o mar desempenhou um papel importante na história militar.

> ### A controvérsia sobre a influência do poder marítimo na guerra
>
> Tanto a Batalha de Salamina (480 a.c.), entre as frotas grega e persa, quanto a Batalha de Lepanto (1571), que opôs os navios de guerra venezianos ao poder naval turco no Mediterrâneo, podem ser citadas como situações em que o poder marítimo e a guerra no mar foram basilares para a vitória e a sobrevivência dos Estados. Pouco conhecida, a batalha naval de Lepanto foi definidora do fracasso da expansão islâmica no Mediterrâneo europeu, parada pela frota veneziana. Outro exemplo da influência do mar na história foi o domínio do Mediterrâneo pelos romanos (*Mare Nostrum*), fundamental para o sucesso das Guerras Púnicas, que os opuseram a Cartago. Na Era Moderna, a derrota da Invencível Armada espanhola marcou a derrocada do poderio ibérico e a ascensão da Inglaterra à potência regional. No século XX, a Batalha de Midway, embora tenha sido um embate aeronaval, foi decisiva para mudar o curso da guerra no Pacífico (Hart, 1991; Creveld, 2005).

Ao mesmo tempo que a natureza conspirou para aproximar as coletividades humanas de fontes de água potáveis – em rios e lagos da Mesopotâmia, por exemplo –, gerou a possibilidade de serem atacadas por meios navais. Na Era Moderna, a "diplomacia das canhoneiras"[7] foi uma expressão relevante de como as populações estão à mercê de grandes sistemas de armas navais.

Independentemente do impacto destrutivo e psicológico que os meios navais impõem à imaginação, a principal função das Marinhas até o século XVI era de força auxiliar ao poder terrestre. Até então, os nascentes Exércitos nacionais eram decisivos para

---

7 Para entender melhor esse conceito, acesse: <http://cpdoc.fgv.br/sites/default/files/verbetes/primeira--republica/DIPLOMACIA%20DAS%20CANHONEIRAS.pdf>.

a vitória militar. A principal missão das Marinhas consistia no transporte de tropas (Moran, 2010). A mobilidade conferida pelo mar tornava a expressão marítima do poder em força adjunta, sem papel estratégico próprio. A *Época Colombiana*, como denominada por Mackinder (2004), mudaria esse panorama. O expressivo processo de expansão global originado nos mares elevou as Marinhas mercante e de guerra à condição de protagonistas no desenho do Novo Mundo e na readequação de forças do Velho Mundo. Os vultosos processos de transporte de valores, pessoas e cargas e fatores civilizacionais atrelados ao colonialismo elevaram a Marinha à condição de arma estratégica, militar, política, econômica e social. De missões defensivas – por exemplo, a escolta e a negação do uso do mar – a ações ofensivas – como atividades de corso e a guerra econômica –, o poder marítimo ganhava contornos estratégicos próprios.

Foi exatamente na época em que começava a declinar a supremacia aparente do poder marítimo, imposto desde o tempo das Grandes Navegações até a Segunda Revolução Industrial, no século XIX, que Mahan surgiu como salvador de um poder que se via ameaçado pela emergência do poder terrestre. A ideia de esquadra de combate (Crowl, 2001) defendida por Mahan e sua argumentação de que nunca se deveria dividir a esquadra eram tão combatidas quanto sua recusa em aceitar a realidade. O impacto que as revoluções industriais tinham sobre a forma de produção de riqueza no capitalismo, bem como sobre a logística e a capacidade combatente para o poder terrestre, mudariam a face da guerra (Proença Jr.; Diniz; Raza, 1999).

Apesar de suas limitações, não é possível pensar a geoestratégia e a tática da guerra no mar sem fazer referência a Mahan. Foi ele quem cunhou a expressão *sea power* (poder marítimo), que comporta a interação entre o poder naval, o comércio e seu papel essencial à expansão colonial (Moran, 2010) e à proliferação da civilização ocidental e dos valores cristãos. Conforme Castro (1999,

p. 110-111), "numa análise dos fatos geopolíticos, a mais simples definição de Poder Marítimo seja talvez dizer que se constitui no Poder Militar exercido no mar", complementado pela expressão civil.

O pensamento estratégico do Almirante Mahan eleva a Marinha a uma condição que, em sua época, já havia sido perdida para os Exércitos. Para Mahan, a Marinha poderia comandar o mar, seja pela negação de seu uso, seja por meio da proteção das linhas de comércio (Crowl, 2001). Esse entendimento mahaniano se baseia na compreensão de que os mares são caminhos, canais de comunicação, que podem ser abertos e fechados por potências aptas a fazê-lo. Com a mente no tempo em que as economias nacionais dependiam do comércio exterior para sua sobrevivência, o controle dos mares (comando) era uma atribuição estratégica fundamental[8]. Apenas o poder marítimo teria a capacidade de fazer uso da mobilidade que os mares permitem e de penetrar em áreas próximas ao território de Estados, em tempos de paz (comércio) ou de guerra (bloqueio, bombardeio, engajamento naval).

Em sua geoestratégia, Mahan afirmava que os Estados Unidos apresentavam uma condição insular e estratégica ímpar. A distância dos grandes centros de tensão mundial (Europa), sua condição bioceânica e o relativo controle das fronteiras ao norte e ao sul não justificariam aos Estados Unidos um processo de expansão para além de sua área de influência imediata. A América Latina, o Caribe e a porção oriental do Pacífico viriam a ser o teatro de operações da "fortaleza americana". Nesse sentido, seria necessário lutar pela hegemonia regional.

---

8 Essa questão reverberou num importante debate no direito internacional, em que se envolveram dois expoentes no assunto: Grotius e Selden, com as teses *Mare Liberum* e *Mare Clausum*, respectivamente (Brown; Nardin; Rengger, 2003).

Mapa 3.2 – Intervenções militares dos Estados Unidos na América Latina (1898-1983)

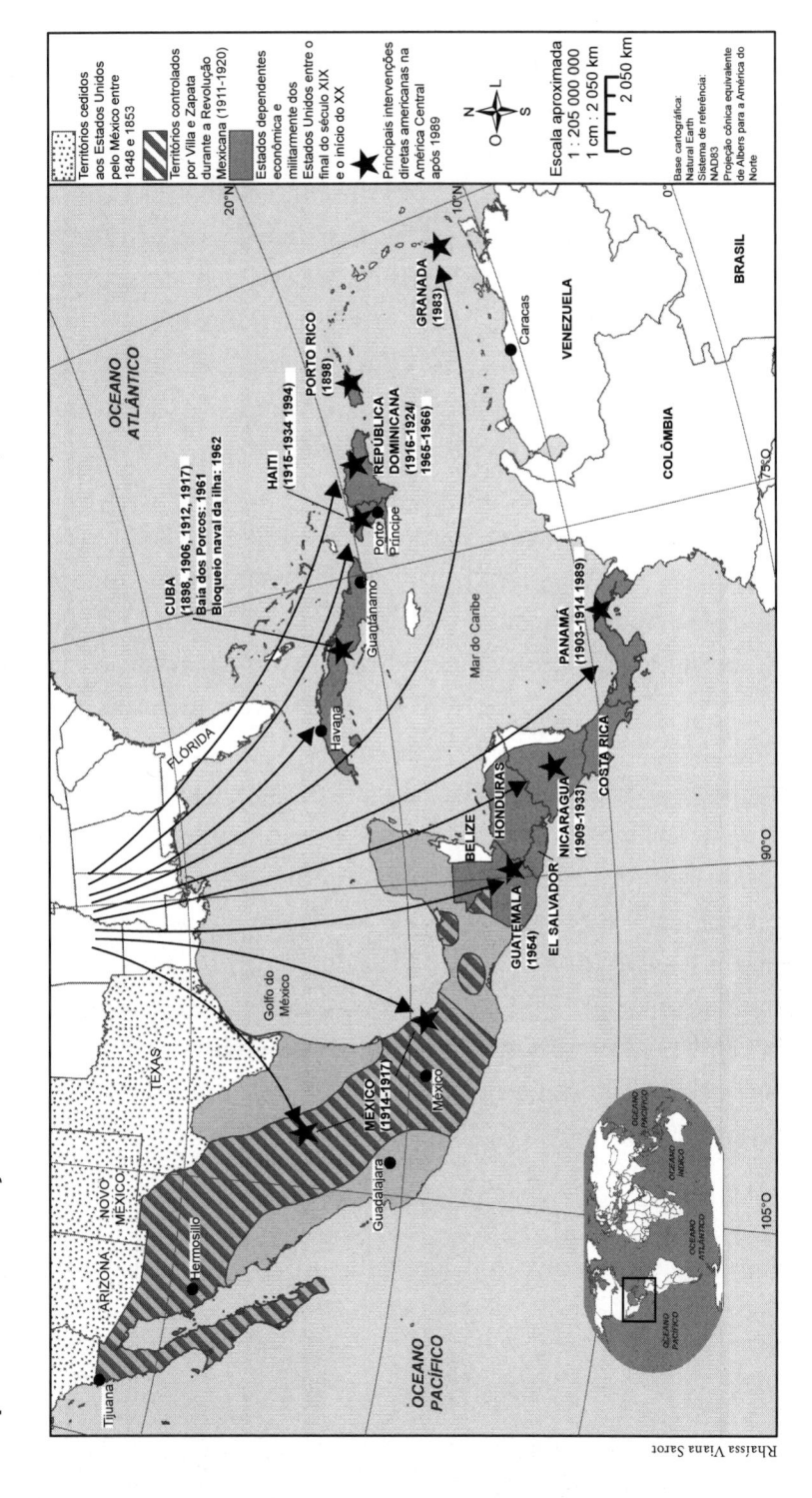

Fonte: Adaptado de Rekacewicz, 1995.

De forma a garantir sua segurança, caberia a Washington projetar-se em todo continente americano, assegurando que nenhuma potência, regional ou extrarregional, lhe impusesse ameaça. Para tal intento, o poder marítimo e os fuzileiros navais eram fundamentais no âmbito da projeção de poder dos Estados Unidos.

Com o adentrar do século XX, os ensinamentos de Mahan começaram a sofrer o forte choque da realidade. As transformações oriundas da Revolução Industrial começavam a quebrar o peso econômico do poder marítimo. As novas tecnologias, como a artilharia de costa, minas e torpedos, não apenas dificultavam a guerra econômica (como o bloqueio econômico), mas também favoreciam a segurança e o poder terrestre com as ferrovias, o telégrafo, os motores à combustão e as rodovias (Crowl, 2001; Moran, 2010; Mello, 1999).

Como explicado por Moran (2010, p. 133, tradução nossa), professor da Escola de Pós-Graduação da Marinha dos Estados Unidos, "a utilidade estratégica de uma poderosa Marinha está suscetível à contínua evolução de sistemas de ataque de longa distância e outras armas de 'negação de acesso' desenhadas para manter navios de guerra tão longe da costa que estes não possam atacar [o inimigo em terra] efetivamente"[9]. Apesar de esses empecilhos já aparecerem no final do século XIX, Mahan continuou a ser estudado e a influenciar o pensamento naval. Do outro lado do mundo, o almirante soviético Gorshkov desenvolveu a **abordagem da rede de bases navais** (*network of naval facilities*). De acordo com Castro (1999, p. 131):

---

9 No original: "*The strategic utility of a powerful navy is ultimately subject to the continuing evolution of long-range strike systems and other weapons of 'access denial' that are designed to hold warships so far off shore that they cannot engage effectively*".

Gorshkov, comandante-em-chefe da Marinha Soviética [...], vinha preconizando que a chave da defesa militar da Rússia residia na criação de uma marinha sofisticada, capaz de responder às últimas inovações do campo inimigo em qualquer parte do globo. Dentro do contexto, a Doutrina Gorshkov obteve no Índico várias bases para a URSS, que procurou num "movimento de pinça" envolver a vulnerável África do Sul, a "Área Indecisa"[10], debruçada sobre a Rota do Cabo, ponto de passagem do petróleo que alimenta o Mundo Ocidental.

Ao perceber a relevância de projetar-se para os mares quentes, o almirante soviético decidiu ler Mahan e Mackinder, constatando, assim, a necessidade de quebrar o bloqueio imposto no Rimland eurasiano. Nesse sentido, a União Soviética dispunha de presença naval em pontos estratégicos, como Crimeia (URSS/Ucrânia/Rússia), Tartus (Síria), Cuba, Kaliningrado, Mar Cáspio e Vladivostok.

---

10 Voltaremos a esse ponto ao dissertar sobre o poder aéreo na figura de Seversky.

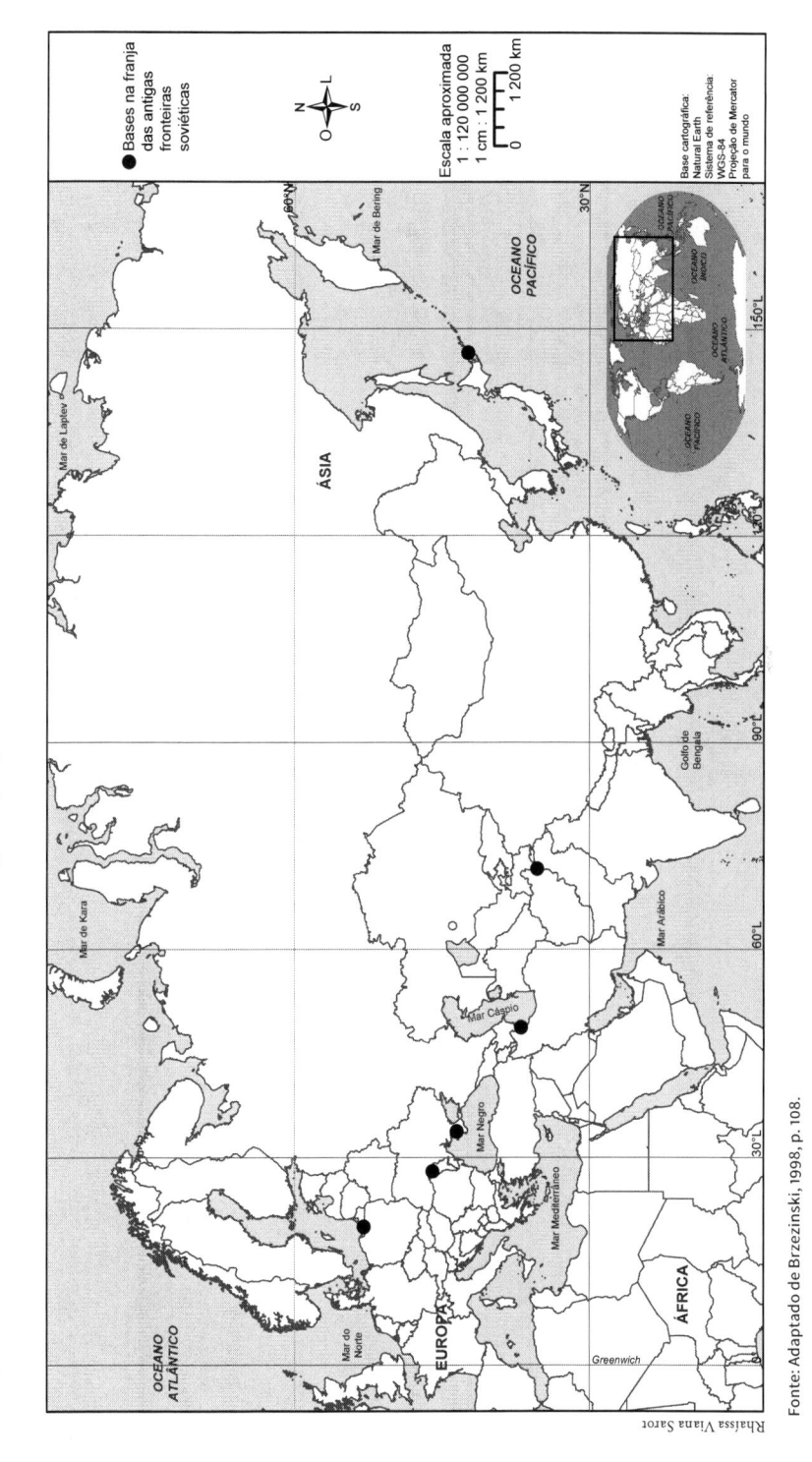

Mapa 3.3 – Bases militares russas no antigo espaço soviético

Fonte: Adaptado de Brzezinski, 1998, p. 108.

Apesar de toda a transformação pela qual passou o poder marítimo, a guerra no mar continua sendo um assunto importante para a geopolítica e a estratégia. Apesar de os Estados Unidos serem atualmente o único país cuja Marinha tem alcance oceânico (Moran, 2010), grandes potências (Reino Unido, França, Rússia) e países emergentes (China) visam incrementar seus meios navais e vasos de guerra em águas regionais.

Embora o engajamento naval entre navios não seja a regra corrente da guerra no mar, as plataformas navais são cada vez mais utilizadas para o transporte de tropas e logística, assim como no apoio a operações combinadas e aeronavais. Desde a Batalha de Midway, é difícil pensar o poder marítimo nos séculos XX e XXI sem a figura do porta-aviões ou, ainda, de corvetas e fragatas dotadas da capacidade de lançar mísseis mar-ar ou mar-terra. Seja na Operação *Iraqi Freedom*, seja na Guerra da Síria, os meios navais são fundamentais para operações táticas e estratégicas. Porém, para nossa compreensão da guerra naval nos dias atuais ficar completa, abordaremos a seguir a expressão aérea do poder militar: o **poder aéreo**.

Expressão aérea do poder militar

Se os mares sempre foram objeto de interesse e mística por parte de várias culturas, com o céu não foi diferente. Enquanto os oceanos inspiravam coragem e, ao mesmo tempo, causavam pavor em função das histórias do "fim da terra" e de monstros marinhos, o domínio dos céus e a capacidade de emular as aves sempre despertaram a imaginação dos homens. Mitos como o de Ícaro revelam que a árdua tarefa de voar implica em riscos, mas, como o êxito de Dédalo demonstra, era um perigo que valia a pena correr.

O caráter mítico e desafiador dos ares sobreviveu até o século XX. Célebres autores de ficção, como H. G. Wells, foram notórios divulgadores do interesse pela aviação e por seu futuro. O clássico romance de Wells, *Guerra dos mundos*, de 1898, foi seguido de outro grande sucesso do mesmo autor, a novela *Wings*, publicada em 1908. Na imaginação da época, o temível ataque alienígena ao Planeta Terra, contado na obra de Wells, foi substituído pelo cenário não de uma ofensiva aérea de outro mundo, mas da Alemanha contra Nova Iorque, bombardeada por uma aviação militar germânica (MacIsaac, 2003). Em síntese, a reflexão fantasiosa de Wells ressaltava a **relevância do domínio do ar** para o sucesso das operações militares de um futuro vindouro. O surgimento de tal revolução nos meios de guerra poderia ocasionar transformações duradouras na própria conduta da guerra. Inquietações dessa natureza contribuíram para a construção do pensamento acerca de um poder aéreo (MacIsaac, 2003).

O cenário romanceado por Wells e a hipótese de surgimento de uma expressão militar de capacidade destrutiva tão avassaladora não permearam apenas o campo da literatura fantástica. Nos meios militar e estratégico, pensar a guerra no ar tornou-se um desafio cada vez mais corrente. Segundo Moran (2010), a integração dos meios aéreos à conduta da guerra era um dos desafios mais importantes do século XX. Um dos principais autores desse assunto foi o italiano Giulio Douhet (1869-1930).

Militar e veterano da Primeira Guerra Mundial, Douhet presenciou a emergência da aviação de caça e bombardeio na Europa, mudando o campo de batalha. Porém, o enorme potencial da aviação ainda não tinha sido alcançado. Com base em suas experiências e seu conhecimento de engenharia militar, Douhet escreveu *Comando do ar* (1923), em que postula não apenas uma primeira reflexão sistemática sobre a aviação militar, mas defende também um papel estratégico para aquela que ele julgava ser uma arma independente, como já o eram o Exército e a Marinha.

Como bem colocado por MacIsaac (2003), a evolução da aviação militar entre a Primeira e a Segunda Guerras Mundiais acarretou não apenas uma transformação nas formas de emprego do avião, mas também uma indagação sobre o real significado do poder aéreo. Se lembrarmos da expressão *poder marítimo*, cunhada pelo Almirante Mahan, virá à nossa mente que esse poder é composto de aspectos militares e civis (Crowl, 2001). O poder aéreo diz respeito à expressão militar dos meios aéreos – assim como o poder naval refere-se à guerra no mar – ou representa a soma dos meios civis e militares na consolidação de um poder unívoco dos ares?

O surgimento do avião nos campos de batalha europeus durante a Primeira Grande Guerra desencadeou um conjunto de transformações quanto a seu uso. Num primeiro momento, a incipiente aviação militar, normalmente atrelada aos Exércitos[11], desempenhava missões de reconhecimento e observação. Assim como no caso dos balões nas Guerras Napoleônicas, o aviador era os "olhos" do general sobre um campo de batalha complexo e longo, auxiliando-o na tomada de decisões e ordens que acarretariam na sobrevivência ou na morte dos seus comandados. Uma segunda vertente de atuação foi a de reconhecimento e perseguição. Incrementos no *design* e na manobrabilidade permitiram que a aviação se aprimorasse em ações de caça, cujo engajamento e abate entre aviões era prática corrente. Dotado de uma metralhadora no banco traseiro do *cockpit* da aeronave, piloto e atirador tornavam-se ases dos ares.

Em momento posterior, com a adição de meios destrutivos mais eficientes, como armas de repetição rápida (metralhadoras) e explosivos de detonação por impacto, a aviação caminhava para a aviação de caça e de bombardeio (Proença Jr.; Diniz; Raza, 1999; MacIsaac, 2003). Ao alcançar a condição de cumprir missões de bombardeio (estratégicas) em vez de restringir-se ao apoio aéreo aproximado de tropas de infantaria ou meios navais (táticos), o poder aéreo passou a ser defendido como uma arma com função estratégica, operando de forma independente de Exércitos e Marinhas.

---

11 Mantendo a tradição, até os dias atuais a força aérea francesa se denomina *Armée de l'air*.

Quadro 3.1 – Etapas da evolução do emprego do poder aéreo

O avião como extensão dos olhos dos comandantes terrestres.	• Missões de reconhecimento e observação. • Missões de reconhecimento e perseguição. • Adição de capacidade de destruição (metralhadoras e bombas na própria aeronave).
Apoio tático às forças engajadas.	• Alvo: posições inimigas em terra ou mar. • Suporte ao avanço amigo ou impedindo o avanço adversário. • Missões de apoio aéreo aproximado e interdição.
Aeronaves operando independentemente de Exércitos e demais Armadas, exercendo, posteriormente, comando próprio (força singular).	• Objetivo estratégico: ataque a alvos distantes das linhas de contato com o propósito de destruir elementos essenciais à capacidade inimiga de fazer guerra. • Bombardeio estratégico.

Fonte: Elaborado com base em MacIsaac, 2003; Proença Jr.; Diniz; Raza, 1999; Moran, 2010.

Com *Comando do ar*, Douhet tornou-se o primeiro pensador militar e estrategista a pensar no poder aéreo como arma independente. O objetivo não era apenas constituir uma força singular, dotada de comando próprio; visava-se principalmente a uma mudança na forma como a guerra poderia ser feita daí em diante. Se considerarmos em Douhet uma teoria da guerra no ar, cinco pontos deverão ser destacados (MacIsaac, 2003):

1. A guerra moderna não distingue combatentes de não combatentes.
2. Impossibilidade de ofensivas terrestres vitoriosas.
3. Impossibilidade de medidas defensivas contra uma estratégia aérea ofensiva.
4. Necessidade de preparação para ataques de bombardeios maciços contra centros populacionais inimigos, governo e indústria (forçar a paz).
5. Força Aérea independente, armada com bombardeios de longo alcance e mantida em constante estado de prontidão (requisito fundamental).

Como pode ser visto no quadro anterior, o advento do avião nos campos de batalha mudou a própria guerra e o conceito de *campo de batalha*. A distinção clássica entre combatentes e não combatentes deixou de ter sentido. O centro de gravidade do inimigo poderia ser a própria população, a qual poderia ser alvo de bombardeios estratégicos voltados a quebrar o moral (psicológico) ou vista como fator de produção no esforço de guerra (econômico). Em uma acepção clausewitziana, a guerra aérea de Douhet era uma **guerra total**.

Outro aspecto relevante é que, sem o comando do ar, a mobilidade, tão cara às Marinhas e ao desdobramento da força terrestre, se tornou não apenas perigosa, mas crucial para o sucesso das operações ofensivas. Se isso não fosse suficiente, os sistemas de armas da época de Douhet e aqueles que ele vislumbrava para o futuro dificilmente seriam páreos para constituir medidas de defesa antiaéreas[12]. A velocidade do avião, sua capacidade de atacar e evadir-se do território inimigo e sua manobrabilidade o transformaram em uma arma ofensiva, cuja defesa se dava por seus próprios atributos naturais.

Essas características do poder aéreo converteram o avião num meio possível de levar a guerra não só ao território do inimigo, mas também a seus potenciais centros de gravidade. Bombardeios maciços contra centros populacionais, governo e indústria seriam os vetores para quebrar a vontade de lutar do inimigo e forçar a paz, de forma a fazê-lo ceder aos objetivos políticos do Estado vitorioso. Para não sofrer com esse destino, o Estado deveria ter uma força aérea independente, focada na missão de bombardeio estratégico de longo alcance e sempre em estado de prontidão.

A tese de Douhet, focada na superioridade do poder aéreo e no bombardeio estratégico como cerne da conduta da guerra do futuro, sofreu importante impacto ao longo da Segunda Guerra Mundial. Durante a Batalha da Inglaterra (1940), a Alemanha buscou criar as condições militares e logísticas para um desembarque anfíbio e

---

12 A dificuldade de movimentação das forças terrestres iraquianas durante a Primeira Guerra do Golfo se deve, em parte, à superioridade aérea da coalizão.

aerotransportado na costa da Grã-Bretanha, a chamada *Operação Leão Marinho*. Nesse intento, buscou sobrepujar a principal linha defensiva que se colocara contrária aos planos do III Reich: a Real Força Aérea (RAF). Ao longo da referida batalha, a taxa de atrito alemã superou as capacidades do Reich de repor pilotos e meios aéreos. Apesar dos vultosos recursos e das inovações táticas alemãs, os ingleses contavam com uma vantagem tecnológica inédita: o radar. Nem Douhet nem os alemães na época imaginaram a existência de tal incremento, tampouco a razão pela qual os caças da RAF sempre engajavam, de forma inesperada, a *Luftwaffe*. O radar, assim como o aprimoramento da aviação de caça e da artilharia antiaérea, foi fundamental para impor custos (atrito) à imaginada superioridade do avião.

Outro resultado inesperado por Douhet foi o efeito do bombardeio estratégico sobre o moral civil e sua vontade de lutar. Tanto os aliados quanto o Reich utilizaram a aviação para bombardear alvos civis e centros populacionais sem efetivo valor militar. A Alemanha nazista bombardeou a costa da Inglaterra e Londres, especialmente com caças *Stuka*, e, quando essa possibilidade se esgotou, optou por bombardear a Grã-Bretanha com foguetes V-1 e mísseis V-2. Apesar dos danos causados, foram os aliados, especialmente ingleses e estadunidenses, que desenvolveram meios aéreos capazes de realizar bombardeios de longo alcance. Seja pela campanha de bombardeio ao Japão, seja pela destruição do Vale do Ruhr, na Alemanha, crimes contra a população civil foram praticados, como a destruição da cidade alemã de Dresden. Nos casos citados, o efeito estratégico suposto por Douhet não veio a se concretizar. As forças aéreas de Estados Unidos e Inglaterra foram conquistando cada vez mais comando próprio, com caráter de força independente. Com a criação dos *Bomber Commands*, que notabilizou figuras como LeMay e Arthur "bomber" Harris, o bombardeio estratégico não parecia estar surtindo o efeito de quebrar a vontade de lutar, apesar de reduzir substantivamente a capacidade combatente inimiga.

Contrariamente a isso, a taxa de atrito e perdas e os custos humanos eram desproporcionais.

A desassociação entre o que era esperado pela teoria e pelo planejamento militar e a realidade efetiva dos fatos levou os estrategistas a repensar os pressupostos de Douhet. O militar estadunidense William Mitchell (1879-1936) foi considerado o "pai da Força Aérea dos Estados Unidos"[13], um dos principais responsáveis pela doutrina aérea dos Estados Unidos na primeira metade do século XX. Enquanto, na versão definitiva de *Comando do ar*[14], Douhet defende que o poder aéreo deveria focar em uma ampla e permanente força de bombardeios, Mitchell enfatiza a relevância de que o Estado deveria ter à sua disposição todos os meios possíveis do poder aéreo, sem os quais não se conseguiria dominar a guerra na terra. Para isso, aviões de caça, reconhecimento, transporte e bombardeios seriam de extrema importância, cumprindo diversas funções. Adotando uma posição distinta da de Douhet, Mitchell suavizava o foco nos bombardeios contra a população civil, entendendo que a ofensiva aérea estratégica deveria se concentrar em neutralizar a base econômica do inimigo (MacIsaac, 2003).

Por meio desse breve debate, em que opomos Mitchell a Douhet, podemos entender a evolução do poder aéreo na primeira metade do século XX: de uma arma predominantemente tática, cujas funções eram auxiliares às forças terrestres ou à Marinha, assumiu um papel estratégico personificado no bombardeio. Contudo, o desenrolar da Segunda Grande Guerra, especialmente o teatro de operações do Pacífico, demonstrou que, apesar do destaque dos

---

13 William "Billy" Mitchell (1879-1936) foi um dos principais defensores do poder aéreo nos Estados Unidos durante o primeiro quarto do século XX. Tendo iniciado sua carreira militar no Exército norte-americano, Mitchell foi transferido para Virgínia em 1916 para comandar a aviação do Exército. Sua experiência de comando e combate nos ares da França, ao longo da Primeira Guerra Mundial, fez dele um ávido defensor da criação de uma força aérea independente para os Estados Unidos. Sua defesa se chocava com o pensamento dominante do oficialato da época, vindo a passar por uma corte marcial em 1925. Após ser condenado, saiu do Exército e continuou sua defesa do poder aéreo independente por meio de publicações de artigos, jornais e livros. Faleceu em 1936 e foi promovido postumamente a major general pelo Presidente Harry Truman.

14 Segundo Proença Jr., Diniz e Raza (1999), inicialmente Douhet entendia a necessidade de uma composição plural de meios aéreos, entre caça e bombardeios. Sua posição foi radicalizada em favor do últimos na década de 1920.

Bomber Commands, a aviação de caça embarcada em porta-aviões revolucionaria não só a conduta da guerra, mas também criaria a expressão do poder aeronaval, dando sentido ao poder anfíbio preconizado pela geopolítica de Spykman.

Embora o avião rompa um conjunto de restrições impostas pela geografia, relativizando as distâncias e reduzindo o tempo de deslocamento e projeção de força, o poder aéreo não é desprovido de base geográfica. Aviões precisam pousar, suas tripulações necessitam de repouso e as aeronaves dependem de pistas para decolar. Porta-aviões cumprem a função de plataforma estável no mar, ampliando sobremaneira as possibilidades logísticas e de alcance, com as quais a aviação de caça sofre. Batalhas da Segunda Guerra Mundial, como as de Mar de Coral e Midway, são provas de como a expressão aeronaval e as operações conjuntas entre distintas expressões do poder militar bagunçaram o esquema mental que dividia a guerra em terra, mar e ar em funções e comandos independentes.

Contemporaneamente, por exemplo, quando a assimetria de poder militar se configura com clara vantagem para os países desenvolvidos, verifica-se a predileção pelo uso do poder aéreo contra países com poder militar inferior. Semelhantemente às Marinhas, o poder aéreo possibilita ao Estado passar mensagens políticas, de coação e coerção, com custo inferior ao de desdobrar forças terrestres convencionais e a vantagem de aplicar força de forma mais segura (Moran, 2010).

Antes de adentrarmos especificamente na seara da geoestratégia na dimensão da guerra no ar, é relevante apresentarmos o debate anterior. O internacionalista precisa compreender que a evolução dos meios de força, seu impacto na conduta da guerra e os desdobramentos nas relações internacionais são fundamentais não só para a geoestratégia dos Estados, mas também para a própria geopolítica. De acordo com Castro (1999, p. 127), "o Poder Aéreo gerava uma Geopolítica integralizada" que teria de dialogar, no campo da estratégia, com a tridimensionalidade da guerra.

No campo da geopolítica clássica, pensadores como Mahan, Mackinder e Spykman lidaram de forma distinta com o advento do poder aéreo. Mahan pouco viu do advento desse poder, muito menos de sua aplicação militar. Para Mackinder, o Heartland tinha um conjunto de características geográficas e físicas que dificilmente seriam violadas pelo poder aéreo, então em ascensão. Spykman não incorporou apenas o poder aéreo à sua geopolítica e estratégia; sua própria teoria geopolítica (Rimland) levava em conta operações conjuntas entre distintos domínios do poder militar. Aceitando o prisma de que a conduta da guerra passava por revisões profundas ao longo do maior embate bélico da história, autores como Spykman e Kennan pensaram outros mapas para além da projeção original de Mercator ou de sua versão alterada de Mackinder.

A realidade do poder aéreo não impactou somente na forma como a cartografia interpreta realidades de poder, mas também pôs em xeque a validade de pressupostos teóricos antes sólidos. A localização estratégica e as características vistas por Mackinder como favoráveis à defesa do Heartland passaram a ser um desafio da potência terrestre contra os meios aéreos. A irascível força dessa nova realidade levou a mudanças na geopolítica e na geoestratégia.

> **Poder aéreo e o(s) Heartland(s)**
>
> Para ilustrar as mudanças ocasionadas pelo advento do poder aéreo, Castro (1999) apresenta um debate sobre diversos Heartlands que teriam surgido com o advento do poder aéreo. De George T. Renner, que argumentava a favor de um novo Heartland Transpolar, a Slessor, que "mostrava que o pós-Guerra, com a estratégia aérea e as bombas nucleares, fizera desaparecer os heartlands para dar ênfase aos rimlands, onde passavam a se desenrolar conflitos e guerras locais", o Heartland de Mackinder não era mais que uma ideia estratégica atrelada a uma geo-história vinculada ao poder terrestre euroasiático (Castro, 1999, p. 128).

Como bem pontua Mello (1999, p. 60):

> A terceira dimensão do conflito – a guerra no ar – evidenciou a importância de um novo poder ascendente, que não podia mais ser ignorado pelos generais e almirantes: o poder aéreo. A rigor, a necessidade de organização de um poder aéreo estratégico e independente já havia sido teorizada, no período do entreguerras, pelo brigadeiro italiano Giulio Douhet e, no começo da Segunda Guerra, pelo major russo-americano Alexander Seversky.

Para Seversky (1894-1974), russo naturalizado estadunidense, a forma como as cartografias de poder de sua época interpretavam os desafios da geoestratégia devia ser alterada radicalmente. Em um esforço sintonizado com a iniciativa de Spykman, que privilegiou a projeção centrada no Ártico, Seversky desenvolveu uma importante inovação analítica sobre a guerra no ar e sua decorrente geoestratégia. Mais próximo de uma perspectiva isolacionista, em oposição a Spykman, Seversky propunha um posicionamento estratégico mais defensivo. Seu argumento se baseava na leitura do Círculo Polar Ártico, a partir do qual se via que Estados Unidos e União Soviética estavam muito mais perto do que a perspectiva cartográfica tradicional apresentava. Essa nova perspectiva trouxe um novo foco para a geoestratégia fortemente baseada no poder aéreo.

Mapa 3.4 – Teoria do poder aéreo de Seversky

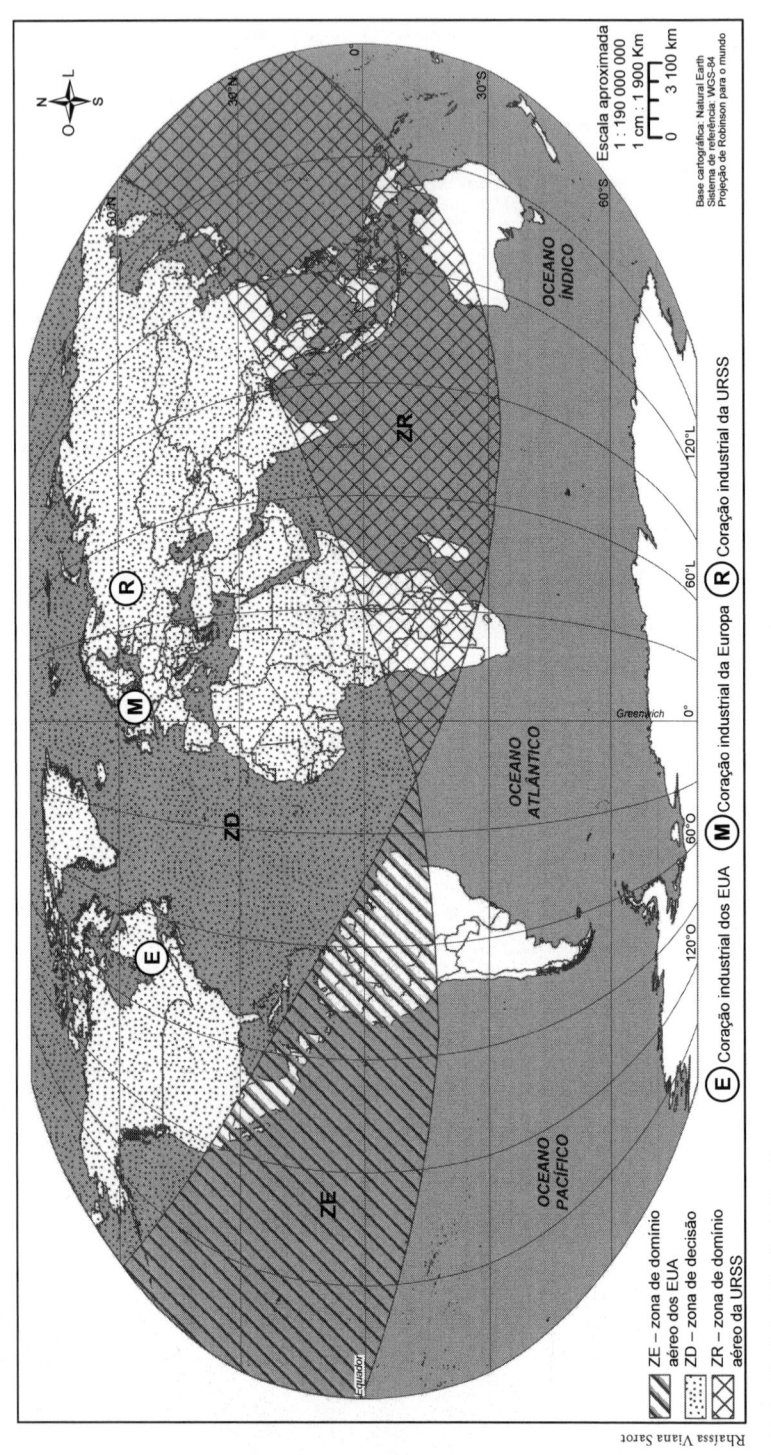

ZE – zona de domínio aéreo dos EUA
ZD – zona de decisão
ZR – zona de domínio aéreo da URSS

(E) Coração industrial dos EUA
(M) Coração industrial da Europa
(R) Coração industrial da URSS

Escala aproximada
1 : 190 000 000
1 cm : 1 900 Km
0   3 100 km

Base cartográfica: Natural Earth
Sistema de referência: WGS-84
Projeção de Robinson para o mundo

Fonte: Adaptado de Bonfim, 2005, p. 69.

O mapa de projeção azimutal equidistante com centro no Polo Norte de Seversky dividiria o mundo em duas grandes áreas, nas quais se processaria o domínio aéreo. A primeira compreenderia o raio de ação e domínio dos Estados Unidos[15]. A segunda corresponderia à área na qual a União Soviética teria domínio aéreo. Por si só, a divisão entre as áreas de domínio aéreo já causaria transbordamentos para o conflito em curso entre as superpotências. Adicionava-se a essa questão a existência de uma "zona de decisão", que, envolvendo uma parcela significativa do Hemisfério Norte, colocava em antagonismo e choque direto as expressões dos poderes aéreos soviético e americano.

O cenário complicado e desafiador apresentado pela geoestratégia de Seversky seria potencializado por dois fatores. Primeiramente, apesar de as principais forças aéreas do mundo terem se consolidado como forças independentes, dotadas de comando próprio, durante e após a Segunda Guerra Mundial cresceram as operações conjuntas entre Exércitos, Marinhas e Forças Aéreas. A existência de vetores mistos, aeronavais ou aerotransportados demonstrava a multiplicidade de opções que o poder militar poderia operar na realidade (Moran, 2010). Um segundo fator, de caráter revolucionário, seria o surgimento das armas nucleares e sua vinculação ao poder aéreo.

O aparecimento de um novo armamento ou sistema de armas não gera automaticamente uma nova estratégia ou tática[16]. A primeira utilização de armamento nuclear em guerra ocorreu no âmbito de um bombardeio estratégico, quando, em 6 de agosto de 1945, a bordo do avião *Enola Gay*, os Estados Unidos lançaram contra Hiroshima o primeiro artefato nuclear da história.

---

15 "O raio de alcance de domínio aéreo dos Estados Unidos abrangeria todo o continente americano, parte do norte da África, Europa e quase toda a Ásia, excetuando-se as penínsulas meridionais. O raio de alcance da área de domínio aéreo da URSS cobriria toda a Eurásia, parte da África e América do Norte até o sul do México" (Castro, 1999, p. 128).

16 Ver o debate sobre revolução nos assuntos militares em Proença Jr., Diniz e Raza (1999) e Cohen (2010).

O intenso debate surgido nos estudos estratégicos e na geopolítica, com o advento da Era Nuclear, teria de lidar com a realidade daquilo que Bernard Brodie (1946) chamou de *The Absolute Weapon*. Como explica Freedman (2003), a dissuasão nuclear torna-se central ao pensamento estratégico, incorrendo em uma mudança drástica sobre a missão fundamental do poder militar. Enquanto, originalmente, a teoria da guerra instituía que a função do poder armado consistia em vencer a guerra no campo de batalha, atingindo os fins políticos do Estado, agora a finalidade da força armada era evitar a guerra em si. Quase como uma realização do sonho de Douhet, que vira no avião a força revolucionária que a arma nuclear permitiria executar, a primeira geração de estrategistas nucleares pensou essa arma à luz do poder aéreo.

Em sua reflexão, Seversky vivenciou uma realidade na qual os Estados Unidos tinham um claro antagonismo, no sentido efetivo mackinderiano, entre oceanismo e continentalismo. Esse antagonismo, fortemente expresso em áreas de domínio aéreo e em áreas de disputa, era exarcebado pelo fim do monopólio nuclear por parte dos Estados Unidos (MacIsaac, 2003). Também ligado à estrutura de força do poder aéreo, o advento do míssil – cujo V-2 alemão é o pai – permitiria a projeção de força (convencional ou nuclear) por ar em distâncias intercontinentais, dispensando o custo de meios aéreos tradicionais. A era dos mísseis balísticos conjugava o poder aéreo com a projeção de força iniciada em terra (silos de mísseis ou veículos lançadores), mar (vasos de guerra de superfície ou submarino) e ar (bombardeios).

Eventos críticos em que esteve na mesa a opção de utilização de artefatos nucleares, como a Guerra da Coreia (1951-1953) e a Crise dos Mísseis (1962), demonstraram que o custo político e existencial na utilização desse tipo de armamento não mudara apenas a dinâmica da confrontação entre as superpotências, impondo também limite ao amplo emprego de forças convencionais entre si. Como teorizado por Jervis (1978), o dilema de segurança somava-se ao risco de não controlar a escalada de hostilidades, que poderia levar a uma ecatombe nuclear. No contexto da destruição mútua assegurada[17], o que antes era um vetor de força atrelado originalmente ao poder aéreo (as armas nucleares) acabaria por revolucionar a própria guerra (Freedman, 2003; Walton, 2010).

Atualmente, as inovações desencadeadas pelo surgimento do avião e de todo o sistema de armas ligado à guerra no ar não para de surpreender. Desde a conquista (não militarizada) do espaço sideral por meio do diálogo entre o meio aéreo e a cibernética, o futuro do poder aéreo continua a afetar a geoestratégia e a geopolítica. Seja pela utilização de drones, seja pela consolidação do ciberespaço como novo domínio da guerra, a geoestratégia enfrenta o desafio do imperativo geográfico contra o invento humano, em uma dialética que move a evolução da estratégia e do espaço.

> **Para saber mais**
>
> GRAY, C. S. **Geopolitics of the Nuclear Era**: Heartland, Rimlands, and the Technological Revolution (Strategy Paper). New York: Crane, Russak & Co, 1977.
>
> Escrita por um dos principais autores de estudos estratégicos, essa obra de referência permite ao leitor observar a maestria da aproxição da geopolítica com os estudos estratégicos. Colin Gray não apenas recupera conceitos e teorias clássicas de nosso campo, mas também potencializa sua análise com o ferramental teórico dos estudos da guerra.

---

17 Curiosamente conhecida pelo acrônimo inglês M.A.D – *Mutual Asured Destruction*.

> MATTOS, C. de M. **Estratégias militares dominantes**: sugestões para uma estratégia militar brasileira. Rio de Janeiro: Biblioteca do Exército, 1986.
>
> Neste livro, o general e geopolítico brasileiro Meira Mattos explana, de forma sintética, os principais conceitos e temas dos estudos estraégicos. As duas vantagens centrais desta obra são sua articulação direta com a geopolítica, em primeiro lugar, e seu caráter propositivo para pensar o Brasil.

Síntese

Neste capítulo, mostramos que a geopolítica ganhou contornos de geoestratégia ao longo do século XX. Os impactos decorrentes de grandes eventos históricos, como a Primeira e a Segunda Guerras Mundias e a Guerra Fria, alteraram substancialmente o mundo sobre o qual Mahan e Mackinder haviam pensado nos idos de 1890 e 1904. A realidade da Guerra Total e a revolução nas formas de fazer guerra e nos meios de força geraram a necessidade de um diálogo robusto entre os aportes da geopolítica e as teorias da guerra e da estratégia. Abordamos os poderes terrestre, marítimos e aéreo no contexto militar, bem como a contribuição de Clausewitz sobre a teoria da guerra e de Hart sobre estratégias de ação direta e indireta. Esses conteúdos são fundamentais para que você entenda a sofisticação da geopolítica e da geoestratégia durante e após a Guerra Fria.

Questões para revisão

1. Assinale a alternativa que completa corretamente a citação a seguir: "Mackinder fundamentou o seu *heartland* na inviolabilidade do Poder Terrestre, visto que, posicionada na

Eurásia, essa região geoestratégica, defrontando-se com o Ártico, bloqueado pelos gelos, constituía uma região protegida contra as ações do..." (Castro, 1999, p. 117):
a. poder aéreo.
b. poder anfíbio.
c. poder terrestre.
d. poder marítimo.
e. poder aeronaval.

2. Baseando-se em Mackinder, o comandante-em-chefe da Marinha soviética Gorshkov criou uma doutrina que defendia que a URSS deveria buscar o seguinte movimento estratégico:
a. Estratégia de ação direta.
b. Movimento de pinça.
c. Bombardeio estratégico.
d. Estratégia de ação indireta.
e. Comando do mar.

3. Acerca dos pontos capitais da teoria da guerra aérea de Douhet, marque V para as afirmativas verdadeiras e F para as falsas:
( ) A guerra moderna distingue combatentes de não combatentes.
( ) Impossibilidade de ofensivas terrestres vitoriosas.
( ) Possibilidade de medidas defensivas contra uma estratégia aérea ofensiva.
( ) Necessidade de preparação para ataques de bombardeios maciços contra centros populacionais inimigos, governo e indústria.
( ) Força Aérea independente, armada com bombardeios de longo alcance e mantida em estado de prontidão em tempo de guerra.

4. O General Karl Haushofer propôs em sua tese geopolítica um esquema mundial baseado em pan-regiões lideradas por Estados-diretores. Em que medida essa proposta responde aos desafios da teoria do Heartland, de Mackinder?

5. Apesar da relevância de Douhet para a teoria do poder aéreo, de que modo autores como Mitchell e Seversky a reformularam à luz das experiências da Segunda Guerra Mundial e da Guerra Fria?

Questões para reflexão

1. Com base no que você leu sobre a Guerra da Síria (de 2011 aos dias atuais), faça uma dissertação, com no mínimo 30 linhas, sobre a validade da teoria da guerra aérea de Douhet atualmente.

2. Nos conflitos armados do século XXI, muito se tem dito sobre a necessidade de *boots on the ground* (botas em terra), demonstrando a necessidade de soldados em terra para vencer guerras. O que Clausewitz teria a dizer sobre essa assertiva?

Mãos à obra

Assista ao documentário *Sob a névoa da guerra,* dirigido por Errol Moris, e escreva um comunicado governamental sob a ótica da geoestratégia justificando os bombardeios estratégicos na Segunda Guerra Mundial e na Guerra do Vietnã.

SOB A névoa da guerra. Direção: Errol Morris. EUA: Columbia Tristar, 2003.

capítulo quatro

O papel da geopolítica nas relações internacionais

Conteúdos do capítulo

- Geopolítica e imperialismo.
- De Lênin a Lacoste: espaço e poder na tradição marxista.
- Geopolítica e globalização: teoria da dependência e do sistema-mundo.
- Aspectos da geopolítica crítica.
- Geopolítica, hegemonia e novas escolas.

Após o estudo deste capítulo, você será capaz de:

1. identificar a relação entre o pensamento marxista de Lênin sobre o imperialismo como base para uma geopolítica crítica e anticapitalista no século XX;
2. compreender que, embora não sejam intituladas oficialmente como *geopolítica*, correntes como a teoria da dependência e o sistema-mundo contribuem para a formulação da geopolítica crítica;
3. analisar os principais debates geopolíticos sob a ótica emancipatória no pós-Guerra Fria: globalização, dependência, relações entre o local e o global e relações de poder e dominação.

Veremos neste capítulo que, apesar da importância estrutural da bipolaridade e do confronto leste-oeste, outras lutas e dinâmicas emergiram de diferentes orientações espaciais de poder, como centro-periferia, norte-sul e semiperiferias. A ascensão da União Soviética à condição de superpotência foi acompanhada por lutas de libertação nacional na Ásia, na África e nas Américas. Movimentos insurgentes e guerrilhas nacionalistas ou comunistas derrubavam governos e desafiavam o *status quo* da ordem erguida no pós-Segunda Guerra. O capitalismo global e seus atores não estatais, como as corporações transnacionais, não podiam passar despercebidos pela geopolítica dos novos tempos. Buscando suprir as lacunas e lançar luz sobre os pretensos compromissos de poder da geopolítica tradicional, surge o tema central deste capítulo: a **geopolítica crítica**. Esses conteúdos serão importantes para você entender a aproximação entre as relações internacionais da segunda metade do século XX com a geopolítica e os movimentos de contestação que dela fizeram uso.

4.1 *Geopolítica e relações internacionais*

O mundo da Guerra Fria, da teoria da contenção e do efeito dominó era o mesmo dos movimentos de contestação da ordem bipolar, como o Movimento dos Não Alinhados (MNA), os movimentos sociais pró-desnuclearização e as resistências, armadas ou não, que lutavam na Ásia, na África e nas Américas imbuídas do ideário de autodeterminação dos povos. A geopolítica tradicional, no entanto, em geral não era sensível a essas realidades. Quando o era, realizava a leitura das transformações internacionais sob a ótica de força da Guerra Fria. Nesse sentido, começou a surgir um movimento intelectual de contestação no campo da ciência, que levou à criação da **geopolítica crítica**.

O enfoque tradicional nas lutas horizontais entre Estados territoriais no ambiente internacional começou a dividir espaço com análises que priorizavam lutas no interior dos países, dentro e fora das fronteiras nacionais. A desigualdade de poder interestatal passava a dialogar com o fenômeno da desigualdade social e outros recursos socialmente valorizados por classes sociais e países. O pressuposto da anarquia internacional (Waltz, 2002) voltava a ser contestado pela lógica de uma divisão internacional do trabalho. Os problemas do desenvolvimento e do subdesenvolvimento, da paz e da emancipação passavam a ser objetos da geopolítica em sua versão crítica.

Geopolítica e imperialismo

Atualmente, várias escolas das relações internacionais entendem o poder por uma perspectiva multidimensional, como o aspecto militar, econômico, cultural e ideológico. Não obstante as múltiplas manifestações do poder, é amplamente aceita a crescente importância dos atributos econômicos, tecnológicos e culturais para a projeção externa das potências (Nye, 2002; Gilpin, 2002; Hurrell, 2005). Não que esses fatores não tenham sido importantes antes; o fato é que a Era da Informação, coroada pela Terceira Revolução Científico-Tecnológica, permitiu o uso amplo das vantagens econômicas e tecnológicas, convertidas em recursos e poder.

Apesar da prolífica literatura nas relações internacionais sobre desigualdades internacionais e a dimensão vertical dos conflitos, nem todas as abordagens buscaram criar um saber geopolítico crítico. Essa perspectiva ganhou força com o marxismo. Embora não seja um geopolítico *stricto sensu*, Vladmir Lênin, com sua crítica ao imperialismo, deu importante fundamento à geopolítica. Entretanto, para entender essa crítica e sua contribuição, devemos analisar como as teorias clássicas da geopolítica encaravam o fenômeno do imperialismo.

O marxismo, inaugurado pelo filósofo e economista político alemão Karl Marx, não é uma teoria geopolítica, porém fornece poderosos subsídios à análise desse campo do saber. Além de compreender os sistemas econômico e político internacionais e domésticos como sistemas fechados, o marxismo possibilitou entender as interconexões entre as esferas política e econômica e entre os ambientes doméstico e externo. A concepção marxista de conflito será particularmente relevante no transcurso deste capítulo.

Tradicionalmente, as abordagens sobre a guerra enunciam o evento bélico como ocorrendo entre comunidades políticas, uma noção de conflito horizontal, interestatal em sua essência. A grande inovação marxiana e marxista deu-se na compreensão de que os conflitos mais importantes para o sistema, entendendo o capitalismo como um macrossistema que engloba o internacional e o doméstico, eram os de classes: a chamada *luta de classes*, que ocorria domesticamente, mas transbordaria para o âmbito internacional.

Foi essa concepção que Lênin desenvolveu posteriormente, a qual possibilitava uma compreensão estruturada sobre os conflitos horizontais (entre Estados) e verticais (entre classes/grupos) como um traço essencial na dinâmica do capitalismo. O foco da análise marxista são as classes, basicamente a polarização entre proletariado e burguesia nos países avançados do capitalismo. Para o revolucionário russo, a guerra de sua época era a expressão da luta entre grandes potências imperialistas[1]. Baseando-se na obra de J. A. Hobson sobre o tema, Lênin desenvolveu uma ácida crítica e uma leitura conjuntural sobre a Primeira Guerra Mundial (1914-1918), considerando-a como a primeira guerra imperialista no mundo e a última etapa do desenvolvimento capitalista. Sendo assim, para ele, o imperialismo seria o último passo antes da revolução socialista (Lênin, 1917).

---

1 É importante frisar que, para Lênin, nem todas as guerras eram imperialistas, pois havia as "guerras revolucionárias" (Lênin, 1920). Sobre esse tipo de manifestação bélica, ver Saint-Pierre (2000).

Semelhantemente a Mackinder, que entendera que a época pós-colombina marcava o início de um sistema político fechado (Mello, 1999), em que a expansão colonial em busca de terras ainda não dominadas por outras potências não mais era possível, Lênin concebia que essa expansão pelo globo por parte das burguesias nacionais levava à construção de uma economia capitalista integrada. A era do imperialismo consistia no estágio superior do capitalismo. A guerra entre potências, entre burguesias nacionais, umas contra as outras, era a marca de um momento em que o capitalismo, como sistema de dominação e modo de produção, apresentava suas rupturas mais sensíveis, apontando, assim, para a possibilidade de revolução do proletariado.

Em seu prefácio às edições francesa e alemã de *O imperialismo, fase superior do capitalismo*, o líder da Revolução Bolchevique afirmava que a Primeira Guerra Mundial foi imperialista, ou seja, uma guerra de conquista, pilhagem e divisão e redistribuição das colônias. Para ele, caberia aos revolucionários transformar a guerra entre os povos em guerra contra a burguesia, manifestação extrema da luta de classes (Lênin, 1920).

Apesar de formalmente não pensar em geopolítica, Lênin dialoga com um conjunto de variáveis abordadas tanto por Mahan como por Mackinder. Enquanto estes viam as relações internacionais de seu tempo à luz do Estado e das dinâmicas de poder, em que espaço é poder, Lênin operava em seu esquema explicativo com fatores econômicos e sociais, como a dialética marxista da luta de classes[2]. Mahan e Mackinder saudavam os avanços técnicos como fatores relevantes na configuração do tempo e espaço, influindo no cálculo de poder dos Estados-nacionais, ao passo que Lênin entendia que essas revoluções técnicas e científicas aplicadas ao mundo da produção reforçavam as estruturas de opressão e exploração. Em vez de frisar a relevância das novas redes férreas

---

2 Para uma primeira aproximação com esse debate, ver Marx e Engels (1998).

no seio da Europa e de seu impacto para o poder terrestre, Lênin entendia esses desenvolvimentos como ligados à grande produção capitalista, monopólios e oligarquias financeiras. Em sua essência, a mudança na geografia econômica do mundo de sua época e o incremento tecnológico viriam para aumentar os efeitos da opressão contra os assalariados no centro capitalista, como nas colônias e semicolônias. No que tange à guerra, o líder bolchevique entendia que essa nova condição econômica, conquistada sob o predomínio do capitalismo à escala mundial, tornara as guerras imperialistas inevitáveis (Lênin, 1920).

Enquanto o Almirante Mahan via de forma positiva a expansão da presença e do poder estadunidense pelas Américas, embasado em uma visão civilizatória e cristã – fazendo juz a seu apelido de "evangelista do poder naval" (Crowl, 2001) –, a tradição marxista-leninista acusava esse processo por entender que a expansão (neo)colonialista contribuía para subjugar não apenas países, mas seus povos, nos marcos de um capitalismo agora global. A América Latina, por exemplo, em meio ao embate entre a propagação civilizatória concebida por Mahan (apesar de intermediada por interesses geoestratégicos) e a crítica ao capitalismo de Lênin, seria vista como marginal e passiva nos principais esquemas geopolíticos (Cairo, 2008).

Em uma perspectiva mais próxima do realismo político, Mackinder concebia que os planos geopolíticos e estratégicos pensados e operados pelas potências terrestres e marítimas eram permeados por disputas condicionadas pela dinâmica oceanismo *versus* continentalismo. Lênin, ancorado em Marx, compartilhava do entendimento de que a história não avança a esmo, mas segue um percurso balizado por forças em antagonismo, cuja dialética de vontades faz progredir a história em termos qualitativos ou na mudança de modos de produção. A fim de clarificar essa visão, recorremos a um escrito de Marx e Engels (1998, p. 7-8):

A história de todas as sociedades até o presente é a história das lutas de classes. Homem livre e escravo, patrício e plebeu, senhor feudal e servo, membro de corporação e oficial-artesão, em síntese, opressores e oprimidos estiveram em constante oposição uns aos outros, travaram uma luta ininterrupta, ora dissimulada, ora aberta, que a cada vez terminava com uma reconfiguração revolucionária de toda a sociedade ou com a derrocada comum das classes em luta.

Esse antagonismo não é o mesmo de Mackinder, que opõe oceanismo ao continentalismo na explicação da história. Distintamente da visão de que a "época colombiana" colocava em choque as potências de sua época pela impossibilidade de expansão por terras até então desconhecidas, sendo a guerra interestatal, portanto, um resultado necessário do antagonismo de vontades do impulso expansionista natural ao Estado, Lênin incorporou essa dimensão de antagonismo entre Estados em sua explicação da Guerra Imperialista, somando-a, como cerne explicativo, à base econômica capitalista em evolução, e não ao condicionamento geográfico.

A transformação do mundo em "sociedade internacional unificada", à luz dos avanços da tecnologia, produzia o mundo de Mackinder e Lênin, em que, "no plano político, a sociedade internacional encontra-se fragmentada num sistema interestatal anárquico e oligopolista; no plano econômico, estava integrada a um mercado único de dimensão planetária" (Mello, 1999, p. 28-29). É interessante notar que a explicação para os embates bélicos coincide nas duas interpretações geo-históricas, uma da geopolítica e outra da economia política: o choque de Estados tradicionais (Inglaterra) contra Estados tardios (Alemanha) teria na partilha colonial o problema central. A Primeira Guerra Mundial seria o grande exemplo histórico para ambas as explicações. Se, para Lênin, o imperialismo era a fase final do capitalismo, um mal a ser combatido por meio da superação do capitalismo pela revolução do proletariado, para Mackinder, era produto da época colombiana e prelúdio de um novo centro de poder, regido por uma potência continental detentora do Heartland.

Uma terceira interpretação surgiria para contrapor a leitura comunista de Lênin à interpretação conservadora de Mackinder: a função do imperialismo segundo Haushofer.

Incorporando variáveis geopolíticas à sua geoestratégia, como fez Mackinder, o general Haushofer se colocava no *continuum* do pensamento da geografia política naturalista alemã, em que a busca pelo "espaço vital" justifica-se não apenas pelas demandas materiais de uma potência em expansão, mas também pelo crescimento de sua cultura superior. Distintamente do que afirma Adolf Hitler em *Minha luta* (Flint, 2006), Haushofer compreendia a possibilidade de uma ordem multipolar em que o colonialismo seria benéfico não apenas para os Estados-diretores, mas também para os povos atrasados, submetidos à liderança das expressões estatais mais bem acabadas em suas regiões. Em um esforço de resolver o impasse detectado por Hobson, Lênin e Mackinder, em que o imperialismo levaria inevitavelmente à guerra entre potências, Haushofer pensou um modelo mental em que cada grande potência emergente, em sua respectiva área de influência natural, poderia exercer liderança e organizar as relações geopolíticas e sociais internas.

> **Potências emergentes em esquemas geopolíticos pregressos**
>
> É importante notarmos que as potências que seriam os Estados-diretores no esquema geopolítico de Haushofer – Estados Unidos, Alemanha, Rússia e Japão – eram todas emergentes no começo do século XX ou revisionistas da ordem internacional liderada por Londres. Essa característica é relevante para você entender a relação das potências do *status quo* e revisionistas na balança de poder com a geopolítica (Mello, 1999).

Por outro lado, contrário às práticas do Velho Mundo, como o colonialismo, Nicholas J. Spykman concebia que as condicionantes econômicas, tão caras à teoria do imperialismo de Lênin, seriam subordinadas a dinâmicas profundas do poder geopolítico e estratégico. O controle do Rimland – mais importante que as lutas anti-imperialistas e o discurso de liberatação dos povos – seria fundamental para os esquemas de poder do mundo pós-guerra. De certa forma, a posição intervencionista sustentada por Spykman é vista por alguns como a defesa do novo imperialismo praticado pelos Estados Unidos em seu momento de ascensão à condição de potência dominante do sistema internacional (Cairo, 2008; Agnew, 2008).

De forma sintética, podemos dizer que o amadurecimento do saber geopolítico está atrelado ao debate com outras vertentes do conhecimento, como a economia política. Como pudemos constatar, o pensamento inaugurado por Marx e Engels e revisto por Lênin em sua teoria do imperialismo e explicação da guerra nos permite ver o fenômeno do poder à luz de outras variáveis e dinâmicas. A geografia e a geopolítica, por sua vez, não ficaram indiferentes ao pensamento crítico relativo ao modo de produção capitalista e a seus efeitos. Na primeira metade do século XX, geógrafos como Henri Lefebvre dariam o mote de uma reorientação crítica ao pensamento geográfico, cujos ícones na segunda metade desse mesmo século seriam geopolíticos críticos como Yves Lacoste. Mas antes de adentrarmos na seara desses autores, dedicaremos algumas linhas aos estudos críticos na geopolítica.

A **geopolítica crítica** reconhece seu ponto de partida espacial e visa pensar com base nele. Segundo autores desse campo, o saber é influenciado pelo meio e pelo tempo em que é produzido. Semelhante a Cox (1981), quando este afirma que toda teoria é para algo e para alguém, a geopolítica crítica se distingue, por exemplo, dos estudos de área. De forma a marcar a diferença, segundo Preciado (2008), os estudos de área seriam caracterizados pelo "ocidentocentrismo", não apenas pelo modo como estudam regiões, mas principalmente por seu apelo comparativo com o mundo desenvolvido do Ocidente. Para o geopolítico espanhol, estudos de área "configuram, assim, uma geografia binária, típica da visão de mundo moderna, que começa a se desenvolver no Renascimento europeu e, posteriormente, estende-se a todo o mundo. Esse é um dos elementos fundamentais da colonialidade do saber" (Cairo, 2008, p. 201-202).

A própria utilização da expressão *colonialidade do saber* reforça a caracterização feita anteriormente sobre a perspectiva autoconsciente de espaço e posição da geopolítica crítica. Baseando-se em pioneiros dessa perspectiva geopolítica, como Agnew, Gearóid Ó Tuathail e Simon Dalby, Cairo (2008, p. 202) explica que "sua ideia fundamental é reconceituar a Geopolítica como discurso que contribui para a construção cultural do mapa geopolítico global". A expressão *discurso* dá um tom diferenciado a essa proposta de conhecimento articulador das realidades geográfica, histórica e de poder. No intuito de produzir uma interpretação não convencional da Geopolítica, os críticos concebem uma divisão interna dessa disciplina: haveria uma **Geopolítica Prática**, atrelada ao fazer político do Estado e de suas instituições e seus meios, e uma **Geopolítica Formal**, produto de acadêmicos e especialistas. Uma terceira divisão na manifestação geopolítica é apontada: a **Geopolítica Popular**, responsável por tornar os saberes geopolíticos acessíveis à população comum (Dodds, 2007).

Como representante da vertente crítica da geopolítica, Cairo (2008) argumenta contra o que considera reducionismo, ou seja, um enfoque que prioriza a reflexão sobre espaço e poder apenas atento ao Estado como agente. Uma quarta inovação geopolítica da vertente crítica é a **antigeopolítica**, que incorpora atores infranacionais, como organizações sociais e populares, movimentos e indivíduos, subvertendo as tradicionais escalas de análise priorizadas na geopolítica convencional, na formal e na prática. Vale salientar que esse enfoque é utilizado especialmente por pesquisadores mais recentes, que visam analisar as realidades de um mundo em que o Estado, apesar de ainda fundamental, não é mais o único ou o preponderante ator das relações internacionais e da geopolítica (Preciado, 2008; Agnew, 2008). Esse tipo de perspectiva é também uma crítica às escalas da geopolítica tradicional, que, ao priorizar o Estado e o internacional, reduzem o rol de atores que participam das dinâmicas apreciadas por essa ciência (Flint, 2006).

A geopolítica crítica, como vislumbrada por Cairo (2008), Agnew (2008) e Preciado (2008), recebe influência de Henri Lefebvre (1901-1991), importante filósofo e sociológico francês que incorporou, de forma explícita, no pensamento marxista variáveis de cunho geográfico. O espaço e suas práticas seriam fatores relevantes em seu pensamento, e o entendimento sobre a evolução das formas estatais abarcaria o embate entre esse tipo de comunidade política e atores corporativos, como empresas multinacionais. Conforme Lefebvre e os representantes da geopolítica crítica, o discurso não é apenas uma forma de expressão da compreensão da realidade, mas também um instrumento transformador. Para essa nova geopolítica,

> o discurso geopolítico se fundamentaria na relação dialética entre as "representações do espaço" e as "práticas espaciais", como afirmava Lefebvre (1974). As práticas espaciais se referem a lugares específicos e a conjuntos espaciais inter-relacionados e organizados para a produção econômica e a reprodução social em dada formação social. (Cairo, 2008, p. 203)

A relação entre espaço, representação e poder se dá de forma contundente no pensamento do autor francês. Para ser dominante, a representação do espaço precisa estar articulada às práticas sociais dominantes, ou seja, a ordenação e o planejamento do espaço urbano articulam a relação de classes, interesses e organização da produção de determinada sociedade. Em Lefebvre, espaço, economia e poder se imbricam na conformação de uma realidade de classes, em que não apenas sua esfera objetiva importa, mas também suas representações. Por isso, a relevância do discurso.

Outro vetor relevante de contestação do pensamento de Lefebvre que nos ajuda a entender a geopolítica crítica é sua leitura da evolução do Estado na história de "longa duração". Segundo o francês, desde as cidades-Estado, do Estado-feudal-militar, aos Impérios, destaca-se o aparecimento do Estado-nação e do Estado moderno. Para ele, estes dois últimos apresentam uma forma de "ruptura de tipo político" (Lefebvre, 2012, p. 140-141). O Estado moderno desenvolve os meios de planejamento do espaço. O corpo político-institucional passa a ser corresponsável pelo crescimento econômico, e sua atuação no planejamento espacial pelo controle de setores estratégicos – comunicações, eletricidade, rodovias – torna-se o mecanismo pelo qual age, produzindo aquilo que Lefebvre (2012, p. 141) chamou de "modo de produção estatal". Concomitantemente a essa metamorfose no mundo político, visualizada pelo acadêmico francês nos anos 1970, ocorria a mundialização do Estado e a expansão do mercado mundial e das corporações transnacionais (Lefebvre, 2012).

Como observamos, Lefebvre rompeu com o paradigma das escalas macro e estatocêntricas do Estado e de suas relações como única agenda da investigação geopolítica, incorporando uma complexa teia de atores e níveis em que o poder e o espaço se intercalam na produção da realidade. Esses aportes, basilares para a geopolítica crítica, foram reforçados por Yves Lacoste.

Geógrafo francês de linhagem intelectual marxista não ortodoxa, Lacoste direciona à disciplina geográfica e à geopolítica uma das mais relevantes críticas e contribuições na redefinição do campo. Trazendo aportes da história e da filosofia da ciência, Lacoste (1976) buscou demonstrar que a geografia convencional era uma ciência a serviço do poder, do sistema. Com isso, reiterava as tendências de dominação entre os povos. Embora tenha dialogado com a vasta literatura sobre desenvolvimento e subdesenvolvimento nos anos

1960, em *A geografia do subdesenvolvimento*, o renomado professor abalaria a geografia de sua época com o lançamento de outro clássico, intitulado *Geografia: isso serve, em primeiro lugar, para fazer a guerra*, de 1976.

Como sua expressiva atuação na prestigiosa revista *Hérodote* indicava, Lacoste optou por desenvolver um saber geográfico crítico e diferenciado do saber acadêmico. Ao confrontar a geografia com *estratégias – geografias – ideologias* (subtítulo da revista *Hérodote* até o início dos anos 1980), Lacoste travou uma batalha ao *status quo* da geografia de sua época. Desse modo, aceitou a dura realidade de que a geografia serve para fazer a guerra, até mesmo a versão acadêmica, que reifica os discursos de poder da geopolítica do Estado. Contudo, Lacoste parte dessa aceitação para postular que a geografia também serve para transgredir e superar o *status quo*. No contexto de severa crítica à Guerra Fria e ao imperialismo, para Lacoste, a geografia deveria contribuir para a resistência à dominação.

A geografia tem, em sua gênese e prática, o apreço pelo espaço, a sensibilidade para a estratégia e a compreensão do poder. Lacoste (1976), entendendo que os geógrafos também têm algo a dizer sobre a geopolítica, argumenta que a geografia pode servir para lutar contra a opressão. Enveredando por outras cartografias de poder, não orientadas necessariamente por posições de leste-oeste, como obrigava a Guerra Fria, Lacoste incorporou as relações centro-periferia em seu modelo e o corte norte-sul na complexa engrenagem de dominação com a qual a geografia e a estratégia contribuiriam para uma "geopolítica dos dominados".

Foi exatamente essa contribuição de Lefebvre e Lacoste – que une marxismo e geografia numa crítica sistemática ao *status quo* acadêmico e à política de seu tempo – que acabou por inspirar a geopolítica crítica. A sensibilidade desses autores para as representações e práticas sociais, a mutação do Estado moderno e a própria dinâmica do capitalismo sob a mundialização levou a geopolítica a ser um instrumento de compreensão do mundo e também um meio para ajudar na luta contra a dominação dos povos. Por exemplo, em diálogo com o pensamento crítico latino-americano e em sintonia com o legado dos geógrafos referenciados anteriormente, Cairo (2008, p. 204) aponta a tarefa de "explorar a constituição espacial dos mecanismos do poder na América Latina e a cartografia das resistências a esse poder".

Geopolítica e globalização

A geopolítica, o marxismo e as relações internacionais se encontrariam na frutífera construção de um saber crítico sobre processos como a globalização, a mundialização e o regionalismo. Mais uma vez, o problema da desigualdade e da distribuição assimétrica de recursos socialmente valorizados permeava as relações de poder entre os atores internacionais. A geopolítica dialogava cada vez mais com perspectivas teóricas, como a teoria da dependência e a teoria do sistema-mundo. Se falarmos em *estratificação internacional*, poderemos afirmar que esta tem sido historicamente desigual. Os recursos socialmente valorizados em cada tempo histórico são, em geral, apropriados por países, Estados ou unidades políticas que exercem certa forma de predominância, domínio ou hegemonia sobre os demais.

Simplificando, os recursos de poder essenciais à sobrevivência ou à supremacia tendem a ser controlados pelos países que se situam no topo da hierarquia internacional de poder e riqueza. As relações internacionais vislumbram formas diferentes de estratificação internacional. Entre as mais conhecidas estão a **multipolaridade**, representada historicamente pelo Concerto Europeu do século XIX; a **bipolaridade**, característica da Guerra Fria; e a **unipolaridade**, condição do sistema internacional após o fim da União Soviética.

Outra dimensão da distribuição de poder é a utilizada no conceito de Divisão Internacional do Trabalho (DIT). Essa noção é cara a marxistas e neomarxistas, como André Gunder Frank, e também a pensadores estruturalistas, como Celso Furtado, Maria da Conceição Tavares e José Luis Fiori. Esse conceito, inicialmente associado a fatores de ordem econômica e tecnológica, quando apoiado nas noções clássicas de distribuição e organização do poder internacional, permite uma visão mais holística do caráter multifacetado do poder. Durante longo período histórico, o poder manifestou-se nas relações internacionais pela primazia do poder militar, mas, na contemporaneidade, este tende a ser subutilizado em favor dos poderes econômico e tecnológico. Uma das explicações para essa mudança se refere ao advento da globalização.

Na década de 1980, forças integradoras passaram a unificar os espaços econômicos nacionais, aumentando o grau de interdependência entre a esfera doméstica dos Estados e a ordem internacional (Lafer, 2004). Nos anos 1990, a globalização consolidou-se como um fenômeno de reconfiguração do poder dos Estados. No decorrer desse momento histórico, fenômenos como a compressão do tempo/espaço e a emergência de novas tecnologias de informação e comunicação se tornaram as marcas da Revolução Científico-Tecnológica (Vizentini, 2007).

Como efeito dessas transformações, a capacidade de usar a economia de forma a coagir e influenciar outros países foi potencializada. Contudo, o cenário estrutural da divisão de poder no século XXI apresenta uma unipolaridade quanto à dimensão militar, mas uma multipolaridade quando se trata dos aspectos de poder econômico e tecnológico (Nye, 2002).

Nascida também no seio do pensamento inspirado em Karl Marx, a teoria do sistema-mundo de Immanuel Wallerstein (2004) somaria-se aos esforços de geógrafos e demais cientistas sociais na construção de novas **cartografias das resistências**. Apostando em uma escala de análise que prioriza a estrutura, a dimensão macro do sistema de poder e a riqueza internacional, Wallerstein entende que, diferentemente do preceito realista da anarquia como dado estrutural (Waltz, 2002), impera uma hierarquia calcada na distribuição assimétrica de poder e riqueza. Essa distribuição de recursos socialmente valorizados não apenas organiza os Estados e suas respectivas economias internacionais em uma hierarquia vertical, como também espelha uma dispersão espacial da desigualdade internacional.

Enquanto os pioneiros latino-americanos da teoria da dependência pensaram a divisão do mundo sob o corte geoeconômico norte-sul, ou centro-periferia, Wallerstein encarna essa concepção e adiciona a ela um ideal: a semiperiferia. Nesse esquema, potências do centro organizam o sistema internacional de poder e riqueza, no qual economias periféricas orbitam em sua função. No sentido intermediário, entre os dois extremos dessa estratificação internacional, países da semiperiferia, como Brasil e México, lutam para quebrar as amarras do subdesenvolvimento econômico e participar do centro, apesar de constarem no sul geográfico. Em uma perspectiva atual, adentrar a fundo na globalização não seria necessariamente uma estratégia de saída de tal; pelo contrário, poderia ser visto como uma forma de aprofundar a posição subalterna do país na hierarquia internacional.

De acordo com Preciado (2008), é com base nesse arcabouço teórico prévio que autores como Peter Taylor incorporam aspectos da teoria da dependência e, particularmente, da teoria do sistema-mundo no campo da geopolítica crítica.

> A geografia política que Taylor desenvolve retoma, como base de identificação espacial, as estruturas tripartites da economia-mundo – centros, periferias e semiperiferias – que são entendidas por Wallerstein como processos de exploração da economia-mundo, e também implicam uma representação espacial do mundo ligada às mudanças de ritmo dos ciclos de auge e crises dos que estão submetidos à economia capitalista. (Preciado, 2008, p. 254)

Aos três níveis hierárquicos de economia-potência de Wallerstein, Taylor soma outras três escalas de análise: "a economia-mundo, vinculada à realidade; a localidade, vinculada à experiência; e o Estado-nação, relacionado ao âmbito da ideologia" (Preciado, 2008, p. 254). Com influências de Marx a Lefebvre, a geopolítica crítica encontra nos esquemas analíticos de Wallerstein e Taylor um poderoso instrumento de compreensão das estruturas de poder e exploração do capitalismo.

Antes de avançarmos, convém esclarecermos alguns pontos para que você não corra o risco de interpretar erroneamente a discussão teórica realizada nesta seção. Apesar de pressuporem a localização geográfica, os conceitos de **centro**, **periferia** e **semiperiferia** não representam necessariamente posições estanques no planisfério. Por exemplo, a Austrália se situa no sul geográfico, mas é considerada parte do centro ou, como preferem os economistas políticos contemporâneos, do Norte global. Por outro lado, países como o México, que está situado no Hemisfério Norte, são considerados parte da semiperiferia ou do Sul global. Como a explicação anterior sobre as múltiplas e sobrepostas escalas e hierarquias nos permite inferir, o sistema-mundo engendra relações sociais assimétricas, cuja exploração, na acepção marxista, leva as economias nacionais a se especializarem funcionalmente em áreas específicas da produção e circulação de mercadorias.

Se nos lembrarmos de Mackinder e do impulso expansionista da época pré-colombiana, veremos que a emergente economia capitalista planetária ocorre em concomitância aos processos de colonialismo e imperialismo. Com o processo de independência iniciados em 1776 nos Estados Unidos, no século XIX na América Latina e no pós-Segunda Guerra na Ásia e na África, os países que outrora constituíam o setor "atrasado" do sistema de exploração colonial tornaram-se Estados fragilizados desde seu ingresso no concerto de nações.

Essa composição pautada pela assimetria de poder e riqueza reverbera na composição de um centro, que lidera a evolução e as etapas mais avançadas do capitalismo; uma semiperiferia, que abarca características de ambas as condições; e uma periferia. Acesso à tecnologia, desigualdade, desenvolvimento e subdesenvolvimento são aspectos socioeconômicos de uma causalidade histórica engendrada no Sul geográfico, sendo esta a massa terrestre que a literatura marxista considera a ponta mais frágil de um sistema de exploração.

De acordo com Preciado (2008) e Wallerstein (2004), na geoeconomia do sistema-mundo, potências da semiperiferia desempenham papel relevante nas dinâmicas de constestação do *status quo* de poder. Se, por um lado, a globalização reforça estruturas de desigualdade internacional, favorecendo grandes corporações multinacionais, por outro, o regionalismo surge como estratégia geoeconômica voltada à defesa dos interesses nacionais em uma economia "mundializada".

Enquanto a globalização emergia retumbante, opções ligadas ao regionalismo se colocavam como estratégias defensivas na economia internacional (Hurrell, 1995). Aspectos da geografia econômica, como a proximidade territorial, a contiguidade de tecidos econômicos e a possibilidade de ampliação da escala de consumo no âmbito regional, possibilitavam agregar a geoeconomia como um fato notável da geopolítica do pós-Guerra Fria. O ambiente político internacional sobre o qual tais iniciativas se deram se caracterizou por um dado mencionado anteriormente: o **momento unipolar**. Como descrito por Krauthammer (1990), a unipolaridade momentânea dos Estados Unidos no sistema internacional suscitou à literatura a indagação sobre qual condição de potência esse país vivenciara desde então. Com relação ao debate entre os defensores das concepções de *império* e *hegemonia* (Arrighi, 1996; Wallerstein, 2004), o geopolítico crítico John Agnew apresenta uma importante reflexão, apostando na validade da hegemonia como principal chave explicativa.

4.2 *Geopolítica crítica*

Você possivelmente lembra que o panorama político desenhado por Spykman e Kennan apontava para os Estados Unidos como uma potência emergente à condição de principal Estado do sistema internacional. A doutrina do destino manifesto de Theodore Roosevelt, gestada inicialmente na imaginação geopolítica de autores como Mahan, convertia-se em realidade no pós-Segunda Guerra. Findado o maior conflito bélico da história, os Estados Unidos assumiram a posição outrora ocupada pelo Reino Unido como potência hegemônica global (Arrighi, 1996).

Os Estados Unidos descendem de uma linhagem de hegemonias históricas ao longo do capitalismo, posição ocupada anteriormente por potências como Espanha, Holanda e Reino Unido. Com o desaparecimento da União Soviética, sua principal antagonista ao longo da bipolaridade, os Estados Unidos alcançaram a condição de potência hegemônica global, cujo poder acumulado não poderia ser balanceado militarmente em seu momento inicial. Ademais, com seus meios de persuasão, ou de *soft power*, como prefere Nye (2002), os estadunidenses ancoram seu poder em uma projeção global.

Mapa 4.1 – Projeção global de poder dos Estados Unidos

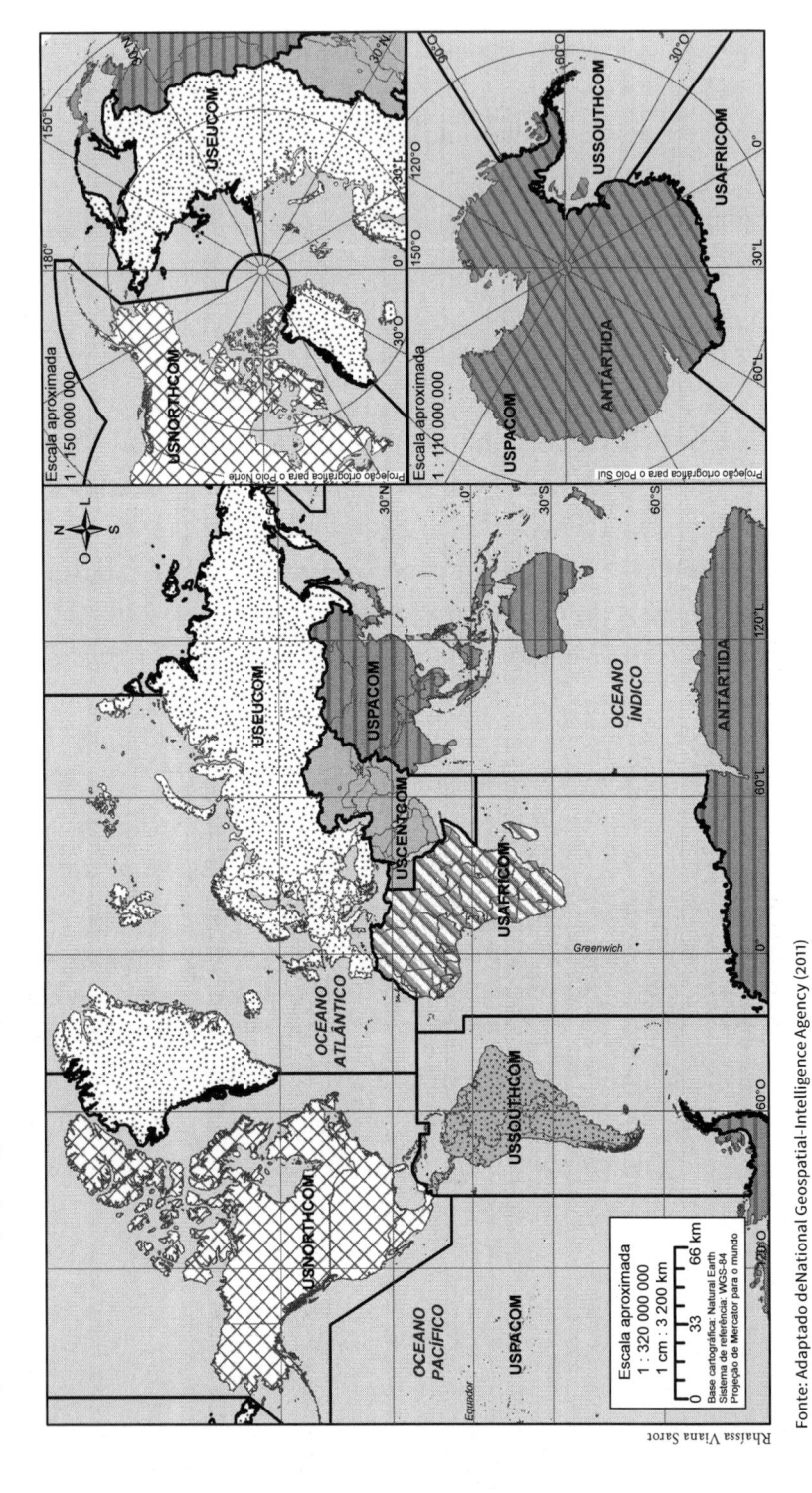

Fonte: Adaptado de National Geospatial-Intelligence Agency (2011)

Recorrendo aos conceitos de *hegemonia* e *império*, Agnew (2008) dá algumas pistas de como se manifesta o poder global dos Estados Unidos e de como sua geografia de poder se enquadra nas classificações da geopolítica crítica. A ideia de *império* descende da concepção de *domínio*, nutrida desde o período clássico romano, referindo-se ao controle máximo de um poder político sobre espaço(s) e povo(s)[3]. O autor afirma que o império pode ser contíguo ou marítimo, como o foram o russo e o inglês. Citando Rosen, Agnew (2008, p. 209) esclarece que "Império é o controle exercido por uma nação sobre outras tanto na regulação de seu comportamento externo como na garantia de formas minimamente aceitáveis de comportamento interno entre os estados subordinados. Normalmente os Estados poderosos fazem o anterior, mas não o último".

Em outra perspectiva, o conceito de *hegemonia*, apesar de polissêmico nas relações internacionais[4], tem raiz no grego antigo. Distintamente de *império*, configura-se como uma manifestação do poder na forma de "uma liga ou confederação, porém sem uma clara indicação de sentido, se é o resultado de uma coerção ou de um consenso, ou uma combinação de ambos" (Agnew, 2008, p. 208). Na acepção comum do termo, a *hegemonia* é entendida por meio da analogia com um animal mitológico: o centauro. Metade cavalo, metade homem, tal conceito reveste-se de uma dupla face: **coercitiva**, irracional, e **persuasiva**, racional (Cox, 1981). Assim sendo, sua projeção nas relações sociais e espaciais pode ser difusa, sem ser expressa, necessariamente, por meio do domínio direto de uma entidade política sobre outras ou por coletividades humanas sob seu jugo.

A geopolítica crítica de Agnew não é interessante apenas por lançar mão de um conjunto de conceitos e problemas caros às relações internacionais, mas também porque vai além de economistas

---

3 Os significados desses termos podem ser encontrados no dicionário *on-line* Michaelis (2017).
4 Veja a contribuição sobre o assunto em Cox (1981) e Mearsheimer (2001).

políticos que não incorporam de forma assertiva as variáveis da geografia em seus modelos. Nesse sentido, amparado no trabalho de Durand, Lévy e Retaillé. (1992), Agnew (2008) apresenta quatro modelos de espacialidade do poder em que a hegemonia pode ser analisada: **conjuntos mundiais** (*Ensemble of Worlds*), **campo de forças** (*Field of Forces*), **rede hierárquica** (*Hierarchical Network*) e **sociedade mundial integrada** (*Integrated World Society*). Cada modelo apresenta uma visão gradualista do nível de progresso do Estado (do autocentrado, primitivo, à comunidade política projetada em escala global), do tipo e da intensidade da interação entre Estados e economias e da propensão ao conflito e à cooperação entre eles. Baseado em Durand, Lévy e Retaillé (1992), Agnew (2008, p. 13) afirma:

> Com o fim da Guerra Fria, que tinha produzido um importante restabelecimento do modelo de campo de forças entre os estados mais poderosos, o modelo de redes hierárquicas se encontra em ascendência, com os primeiros sinais do início de uma tendência para um modelo de "sociedade mundial integrada". Mas este é ainda somente o começo de sua infância. Esse quadro, naturalmente, apenas aponta as tendências de longo prazo. Aquilo que se pretende é proporcionar uma aproximação da espacialidade histórica do poder político, associada em diferentes épocas com diferentes modelos de espacialidade dominante e a coexistência de outros.

A sensibilidade para entender a influência da geoeconomia na geopolítica permite à geopolítica crítica afirmar que, no contexto da globalização, não é o nível macro, global e estrutural que predomina na organização das relações de poder. Em face da chamada "mudança da lógica geográfica da economia mundial" (Agnew, 2008, p. 216) seja do epicentro econômico do Atlântico Norte para o Pacífico, seja do global para o local –, Agnew (2008, p. 216) sintetiza que "o novo não é a 'globality', mas, sim, a sua combinação de redes globais e a fragmentação territorial localizada".

> **Para saber mais**
>
> LACOSTE, Y. **La géographie, ça sert, d'abord, à faire la guerre.** Paris: Maspero, 1976.
>
> Obra basilar para entender a geografia e a geopolítica crítica. Lacoste explana com densidade as íntimas relações da ciência geopolítica com os interesses do poder. Em vez de descartar a disciplina, problematiza soluções importantes para o panorama crítico, sensível aos problemas de dominação e emancipação humanas.

Síntese

Neste capítulo, abordamos a gênese e o desenvolvimento da geografia crítica dos subsídios da teoria do imperialismo em Lênin à geopolítica da hegemonia em Agnew. Constatamos que a articulação entre geografia, história e política na vertente crítica é permeada pela compreensão da economia e de suas relações sociais de poder e dominação. Para o campo do saber ao qual este livro se direciona, vale salientar que essa forma de fazer geopolítico aponta para o fato de que, se o poder global e suas disputas concorrem em antagonismo e expansão, o fazem por razões infraestruturais atreladas à produção, circulação e exploração endógenas ao capitalismo, reverberando no entendimento das seguintes escalas: sociedade civil, cidades, regiões, Estados e globo. Nesse cruzamento de escalas e processos sociais, Agnew (2008, p. 216) afirma existir uma "geopolítica da globalização contemporânea", a qual não está desconectada dos Estados Unidos e de sua aludida condição de hegemonia global. Nesse embalo, o próximo capítulo versará sobre os enfoques atuais da geopolítica ante a Nova Ordem Mundial.

Questões para revisão

1. Apoiado nos escritos de Hobson, Lênin propôs uma importante teoria do imperialismo. Assinale a alternativa que relaciona a explicação do imperialismo de Lênin às ideias da geopolítica clássica:

    a. Avanços na tecnologia aumentam a probabilidade da guerra entre potências imperialistas.

    b. O capitalismo global e a questão da partilha colonial tornaram a guerra imperialista inevitável.

    c. A integração do mundo num sistema político fechado apontava para a configuração de um novo centro de poder.

    d. O imperialismo era a fase final do capitalismo, um mal a ser combatido por meio da revolução do proletariado.

    e. O capitalismo global e a questão da partilha colonial tornaram a guerra imperialista improvável.

2. A teoria do sistema-mundo de Wallerstein ajuda-nos a entender a distribuição espacial de poder e riqueza no capitalismo contemporâneo. Das opções a seguir, qual apresenta as principais categorias analíticas dessa teoria?

    a. Desenvolvidos, em desenvolvimento e subdesenvolvidos.

    b. Grande potência, potência média e pequena potência.

    c. Centro e periferia.

    d. Centro, semiperiferia e periferia.

    e. Metrópole, semicolônia e colônia.

3. Para Agnew, autor fundamental das relações internacionais, o Estado passa por diferentes modelos de "conjuntos mundiais". Qual modelo corresponde ao contexto atual?

    a. Campo de forças.

    b. Rede hierárquica.

c. Sociedade mundial integrada.

d. Sociedade internacional.

e. Bolas de bilhar.

4. Na segunda metade do século XX, a geopolítica começou a dialogar com ideias e movimentos de contestação da ordem bipolar e colonial. Por que Yves Lacoste é representativo desse momento?

5. No decorrer deste capítulo, torna-se claro para o leitor a ênfase da geopolítica crítica na emancipação. Qual é o significado disso para a perspectiva geopolítica?

Questões para reflexão

1. Com base na discussão de Agnew (2008) sobre os conceitos de *império* e *hegemonia*, escreva um texto de aproximadamente 20 linhas explicando a diferença entre eles.

2. Considerando o mundo após a crise de 2008, maior crise do capitalismo pós-1929, é possível afirmar que a condição hegemônica dos Estados Unidos permanece ativa? Por quê?

Mãos à obra

Produza uma série histórica sobre as maiores economias do mundo entre 2008 e 2016. O que predomina, permanece ou se modificou entre as maiores economias do mundo? O que isso lhe permite afirmar sobre a Divisão Internacional do Trabalho e o sistema-mundo?

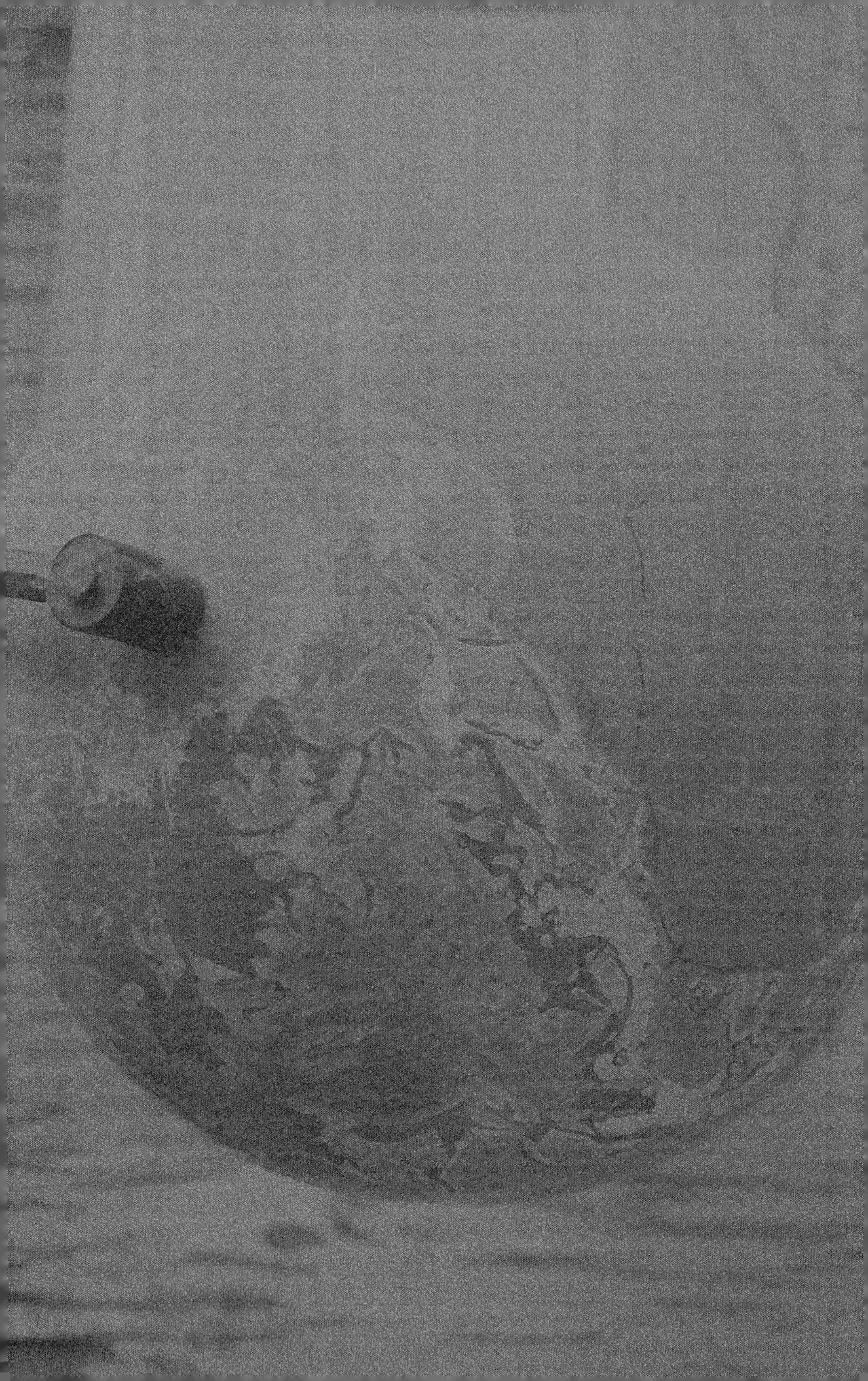

capítulo cinco

Shutterstock/CAT SCAPE

Enfoques atuais de geopolítica ante a Nova Ordem Mundial

Conteúdos do capítulo

- A geopolítica no pós-Guerra Fria.
- Teoria do choque de civilizações.
- Teoria das zonas integradas e não integradas.
- Debate geopolítico entre potências revisionistas e de *status quo*.

Após o estudo deste capítulo, você será capaz de:

1. compreender como macroeventos, por exemplo, o colapso da União Soviética e os ataques terroristas de 11 de setembro de 2001, influenciaram o surgimento de novas interpretações geopolíticas nos anos 1990 e 2000;
2. descrever as principais abordagens do pós-Guerra Fria à luz da contribuição de Samuel P. Huntington e Thomas P. M. Barnett;
3. analisar criticamente casos ilustrativos da geopolítica e da geoestratégia pós-Guerra Fria com base em debates teóricos sobre transição de poder e polaridade.

Neste capítulo, você verá que, com o colapso da União Soviética (URSS) e a emergência do que ficou conhecido como *momento unipolar*, houve uma euforia sobre o futuro do sistema internacional. Na época, havia a crença de que as relações internacionais passavam por uma transformação profunda. Se, até o início da Guerra Fria, o balanceamento e o equilíbrio de poder davam a tônica das relações entre as comunidades políticas no ambiente internacional, agora elas eram mediadas por um conjunto de instituições e regimes internacionais, cuja construção datava dos anos finais da Segunda Guerra Mundial. O fim da URSS impactaria não apenas na configuração global de poder e em sua distribuição; seus efeitos seriam sentidos na reconfiguração da ordem mundial que se erguia. Além disso, apresentaremos explicações sobre a geopolítica no pós-Guerra Fria, da queda do Muro de Berlim até a segunda Guerra do Iraque (2003). Esses conteúdos serão importantes para contrapormos as leituras das relações internacionais dos anos 1990 e da primeira década do século XXI ao fenômeno denominado *retorno da geopolítica* ou *vingança da geografia*, fundamental para a compreensão dos esquemas e lutas de poder entre revisionistas, reformistas e potências do *status quo* na atualidade.

5.1 *Geopolítica no pós-Guerra Fria*

O período compreendido entre 1989 e dezembro de 1991 marcou o fim da Guerra Fria. Diante de um futuro incerto, uma parcela significativa da literatura em ciência política e relações internacionais fornecia previsões sobre a nova ordem pós-bipolaridade[1]. Diante de uma realidade em que se vislumbrava um só mundo conectado,

---

1 Um dos principais temas da agenda da política internacional e da geopolítica do pós-Guerra Fria consistia em descobrir a futura configuração da polaridade global: se unipolar ou multipolar. Entre as principais referências para esse debate estão Krauthammer (1990, 2003), Wohlforth (1999) e Gilpin (2002), Huntington (1999) e Nye (2002).

permeado de harmonia e embuído de euforia (Huntington, 1996), teses que alardeavam a vitória do liberalismo e do capitalismo contra as experiências totalitárias, como **o fim da história** (Fukuyama, 1989, 1992), viriam a pôr em xeque o primado da geografia como fator explicativo da realidade política e histórica.

Tomando como base a filosofia da história de Hegel, Fukuyama propôs uma controversa tese sobre o fim da história ainda nos anos finais da Guerra Fria. Publicado originalmente com o título *The End of History* na revista *National Interest*, em 1989, sua versão em livro, *The End of History and the Last Man*, seria um adágio entre os defensores da existência de uma Nova Ordem Mundial no pós-colapso da União Soviética.

O sentido do fim da história para Hegel

A ideia de *fim da história* em Hegel está relacionada à sua vivência das Guerras Napoleônicas. Após a vitória da França revolucionária contra as forças prussianas na Batalha de Jena, em 1806, Hegel concebeu que não apenas a luta armada, mas também a batalha de ideias, havia sido vencida pela França. Daquela ocasião em diante, o único modelo crível de sociedade seria o francês (Mead, 2014).

No século XIX, inspirado em Hegel, Marx argumentava que o fim da história chegaria quando o sucesso da revolução do proletariado encerrasse a luta de classes e, somada à abolição do Estado, o comunismo fosse instaurado. Com base na mesma fonte, Fukuyama (1989, 1992) argumenta que a história havia chegado ao fim, mas não como Marx imaginou. O devir histórico encerrava seu curso na realização da democracia liberal e do capitalismo como ápices da evolução da sociedade, da política e da organização econômica. O esfacelamento da URSS e a consequente derrota de sua proposta de sociedade coroavam o modelo ocidental liberal como o único modelo de sociedade.

Segundo Mead (2014), apesar de a tese de Fukuyama ser uma afirmação sobre ideologia, sua visão foi extrapolada por outros como uma compreensão de que a geopolítica em si havia perdido o sentido nesse novo mundo. Em suma, no mundo pós-Guerra Fria, os países seriam levados a adotar os princípios do capitalismo e do liberalismo de forma a manterem-se integrados à nova realidade.

Para Huntington (1996), as ideias de Fukuyama não se resumiam a uma tese sobre o mundo pós-URSS. Consistiam na base de um paradigma em que "se partia da premissa de que o final da Guerra Fria significou o fim de significativos conflitos na política global e a emergência de um mundo relativamente harmonioso" (Huntington, 1996, p. 31). Para o autor nipo-americano, a batalha de ideias estava sendo vencida pelo liberalismo. Apesar da existência de países de tendência comunista, como China, Coreia do Norte e Cuba, eles não apresentavam mais um modelo em disputa. Na leitura de Huntington (1996), Fukuyama traça um cenário em que a luta ideológica cede espaço à necessidade de resolução de questões econômicas e técnicas, sem questionar, contudo, o modelo vitorioso de sociedade. A geopolítica, a geoestratégia e o uso da força seriam substituídos, na agenda internacional, por mecanismos de resolução de problemas, como cooperação internacional, instituições e regimes.

Entretanto, como o cientista político Samuel Huntington (1996) bem pontuou, o momento pós-Guerra Fria gerou uma ilusão de harmonia. A mudança no cenário internacional não significaria automaticamente progresso. O mundo da Nova Ordem Internacional não seria necessariamente mais pacífico. A regionalização da economia, dos conflitos e da segurança permeou o período do pós-Guerra Fria. Um número crescente de conflitos e guerras passou a ser condicionado por dinâmicas regionais. Somadas a isso, cultura, religião e etnicidade seriam variáveis cada vez mais explosivas em um mundo complexo, que mudava não apenas a distribuição de forças entre as unidades políticas, mas colocava também em questão a própria natureza da guerra (Kaldor, 1999; Lind, 2005). Termos como *limpeza étnica, genocídio* e *Estados falidos* se tornariam cada vez mais recorrentes no vocabulário da política internacional. Crises humanitárias, como as da Somália (1992), de Ruanda (1995), da Bósnia (1992-1995) e de Kosovo (1999), desafiavam as instituições e a arquitetura do pós-Guerra Fria.

O choque de civilizações

Em sintonia com os principais desafios do pós-Guerra Fria, o prestigiado cientista político americano Samuel P. Huntington publicou a obra *The Clash of Civilizations and the Remaking of World Order* (1996), em que propunha um diálogo com a comunidade acadêmica de seu tempo, avançando a compreensão da época sobre a realidade internacional com base em uma perspectiva inovadora nas relações internacionais. Para o autor, a literatura que debatia fenômenos como o declínio dos Estados-nação e as novas formas de tribalismo e globalismo captava em essência características da nova ordem pós-Guerra Fria. Ao que parecia, o fim da história era mais uma ideia-força do que realidade.

Na prática, a obra supracitada é um divisor de águas na literatura dos anos 1990 sobre a Nova Ordem Mundial. Distinto de autores como Fukuyama, que demonstrava euforia e harmonia, Huntington (1996, p. 22, tradução nossa) levanta a seguinte hipótese:

> É minha hipótese que a fonte fundamental do conflito neste novo mundo não será mais primariamente ideológica ou primeiramente econômica. As grandes divisões entre a humanidade e a fonte dominante dos conflitos será cultural. Estados-nação continuarão os

mais poderosos atores dos assuntos internacionais, mas os principais conflitos políticos globais ocorrerão entre nações e grupos de diferentes civilizações.²

Para o referido autor, fatores como cultura, identidade e civilizações estavam por trás de fenômenos motivadores de conflitos, como a coesão e a desintegração no pós-Guerra Fria. Ao longo do livro, Huntington (1996) desenvolve cinco pontos centrais para sua visão geopolítica. Primeiramente, afirma que o **mundo pós-1991 era multicivilizacional** – o Ocidente convivia com diversos modelos culturais e identitários. Cabe lembrarmo-nos de Mackinder e suas eras colombiana e pós-colombiana para entendermos que a conexão entre os povos do mundo se deu de forma acelerada após as Grandes Navegações, encerrando seu ciclo de expansão no final do século XIX. Na leitura de Huntington, esse processo contribuiu para que, no pós-Guerra Fria, se chegasse a um mundo multicivilizacional, em que, em vez do predomínio global da civilização ocidental, ocorreria um processo de afirmação de identidades de civilizações e culturas não ocidentais.

O segundo ponto é que a clássica dinâmica de **balança de poder impactaria também a cultura**. Em termos de influência, Huntington afirma que outras culturas, diferentes da ocidental, passariam a ganhar relevância e buscariam se afirmar. Para ele, tanto a cultura quanto o conceito antropológico de alteridade são relevantes na construção das identidades. Segundo Huntington, no mundo pós-queda do Muro de Berlim, a **política local é regida pelo fator étnico** e a **política global é civilizacional**. O choque entre etnias e culturas poderia ser uma chave explicativa para conflitos. De fato, Huntington cita os conflitos da ex-Iugoslávia para ilustrar como países pertencentes a distintas civilizações, como Rússia (ortodoxa)

---

2 No original: *"It is my hypothesis that the fundamental source of conflict in this new world will not be primarily ideological or primarily economic. The great divisions among humankind and the dominating source of conflict will be cultural. Nation states will remain the most powerful actors in world affairs, but the principal conflicts of global politics will occur between nations and groups of different civilizations"*.

e Arábia Saudita (islâmica), contribuíram para fomentar as guerras nos Bálcãs. Para ele, os conflitos de maior potencial destrutivo são aqueles que ocorrem nas áreas onde existem falhas nas linhas que dividem espacialmente as civilizações.

O terceiro fator é que estaria em curso a **emergência de um mundo baseado em civilizações**. Essa realidade ensejaria a cooperação entre unidades culturais semelhantes, privilegiando os países-chave de cada civilização. Por outro lado, o quarto ponto chama atenção para a **pretensão universalista de certas civilizações**. Essa tendência viria a resultar em conflitos entre civilizações. Huntington dá o exemplo da relação entre muçulmanos e não muçulmanos.

Finalmente, o quinto aspecto desenvolvido parte da premissa de que a posição de **superioridade inconteste do Ocidente está em risco nesse contexto de múltiplas civilizações**. A sobrevivência do Ocidente recairia substancialmente na capacidade de os Estados Unidos e os demais países desse grupo identitário saberem manejar a realidade de um mundo multicivilizacional.

Huntington traz para sua leitura culturalista das relações internacionais e da geopolítica aspectos clássicos do pensamento realista, como a balança de poder e a anarquia. Para o autor, o **mundo é multipolar**. Contudo, ele não afirma a existência de múltiplos polos de poder balanceáveis entre si, mas, sim, que essa balança está submetida ao crivo das forças culturais. Na prática, de sete a oito grandes civilizações se distribuiriam no globo, impactando fortemente as tendências de guerra e paz. Um dos traços característicos da leitura de Huntington (1996), oposta à de Fukuyama (1989, 1992), é a **ideia de que o poder nas relações internacionais estaria passando do Ocidente para as civilizações não ocidentais**. Essa interpretação do contexto internacional impactaria a cartografia de poder da época, como podemos ver na figura a seguir, revelando o choque de civilizações.

Mapa 5.1 – Samuel Huntington e o mundo dividido em "civilizações"

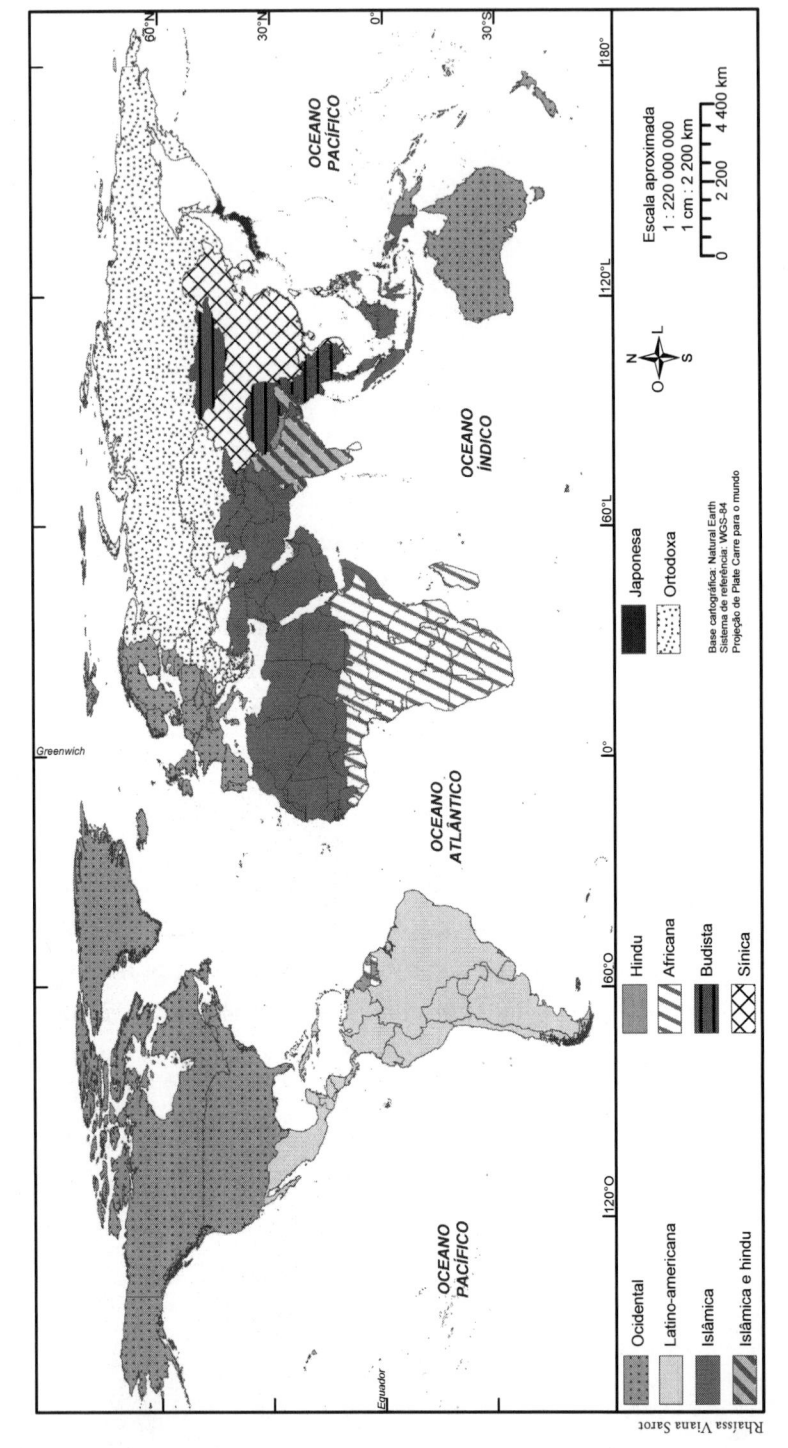

Fonte: Adaptado de Stratfor, 2016.

O mundo após o colapso da URSS poderia não ser multipolar em termos de distribuição de poder. Contudo, a existência de civilizações, como ocidental, latino-americana, islâmica, africana, hindu, budista, sínica, japonesa e ortodoxa, dividia o cenário internacional em vários polos de poder, aos quais os Estados Unidos deveriam estar atentos. A criação de um novo paradigma das relações internacionais, como entendia Huntington (1996), impactou fortemente formuladores de política em Washington, além de um contexto em que a grande ameaça e referência de segurança dos Estados Unidos – a União Soviética – não mais cumpria essa função. No campo acadêmico, a tese de Huntington era um choque para os que acreditavam na vitória inconteste do liberalismo e nas teses do fim da história e do fim do Estado-nação.

Entretanto, a recepção a *O Choque de civilizações* nem sempre foi calorosa. Entre seus adversários intelectuais, Edward Said (2001), em seu artigo *The Clash of Ignorance*, chama atenção não apenas para as falhas metodológicas e teóricas da tese de Huntington, mas problematiza também seu potencial político perigoso. Mais recentemente, já no contexto de ameaças, como o Estado Islâmico (EI) no rescaldo da Guerra Global contra o Terror, Wright (2015) destaca que a tese de Huntington tinha um potencial de "profecia autorrealizadora", que se tornara um combustível na nova seara de conflitos internacionais. Como uma contradição, aquilo que era para funcionar como um instrumento de análise e ação para o mundo ocidental acabava por criar uma retórica de divisão e antagonismo útil a movimentos extremistas. Por mais estranho que pareça, segundo Wright (2015), a narrativa de *O choque de civilizações* é encorajada pelos pensadores e publicistas do EI.

Zonas integradas e não integradas

Você deve lembrar que um dos aspectos constantes da literatura deste capítulo é que, no pós-Guerra Fria, os Estados Unidos buscavam uma interpretação do mundo que pudesse ser útil à sua política internacional e à sua geoestratégia. Os referentes basilares da bipolaridade não mais estavam presentes, e os referentes de segurança, caros ao planejamento de defesa e segurança, eram agora outros. De Fukuyama a Huntington, teorias sobre o mundo pós-Guerra Fria se degladiavam pela melhor explicação e proposta de mundo.

A introdução das tendências de conflito entre civilizações impactou na compreensão de como a geografia, a história e a política sofrem influências na era da globalização. Cultura, identidade e etnicidade se misturam ao amplo conjunto de variáveis que buscam explicar essa complexa realidade. Como dito anteriormente, *O choque de civilizações* parece uma profecia dos atentados terroristas de 11 de setembro de 2001. Para Mead (2014, p. 16, tradução nossa),

> após o 9/11, o presidente George W. Bush baseou a sua política externa na crença de que os terroristas do Oriente Médio constituíam um oponente especialmente perigoso e lançou o que ele disse que seria uma longa guerra contra eles. Em alguns aspectos, parecia que o mundo estava de volta ao reino da história. Mas a crença da administração Bush de que a democracia poderia ser implantada rapidamente no Oriente Médio Árabe, começando pelo Iraque, testemunhou uma profunda convicção de que a maré de eventos estava a favor da América[3].

---

3 No original: *"[...] after 9/11, President George W. Bush based his foreign policy on the belief that Middle Eastern terrorists constituted a uniquely dangerous opponent, and he launched what he said would be a long war against them. In some respects, it appeared that the world was back in the realm of history. But the Bush administration's belief that democracy could be implanted quickly in the Arab Middle East, starting with Iraq, testified to a deep conviction that the overall tide of events was running in America's favor".*

A leitura de Mead (2014) apresenta um importante contraste com a de outro geopolítico: Thomas Barnett.

Diante desse quadro, em que os Estados Unidos, sob a liderança do Presidente Bush, declararam a Guerra Global Contra o Terror, uma nova leva de estudos e propostas na geopolítica e na estratégia veio ao encontro dos formuladores de política e dos debates acadêmicos. Uma das teses mais influentes no campo da geoestratégia é *Functioning Core and Non-Integrated Gap*, de Thomas Barnett (2003). Estudioso de assuntos militares, Barnett foi assessor do secretário de Defesa dos Estados Unidos e um importante formulador da geoestratégia por trás da resposta estadunidense contra o Iraque em 2003.

Partindo dos aportes legados por Huntington, construiu-se uma interpretação da realidade internacional organizada em dois contextos espaciais distintos: o **centro funcional** (*functional core*) ou zona integrada, e a **lacuna não integrada** (*non-integrated gap*), ou zona não integrada. Como você poderá ver a seguir, essa perspectiva gera uma cartografia própria, que capta as nuances da visão de mundo de Barnett.

Mapa 5.2 – A geopolítica da guerra contra o terrorismo por Thomas Barnett

The Pentagon's New Map:
War and Peace in the Twenty-First Century

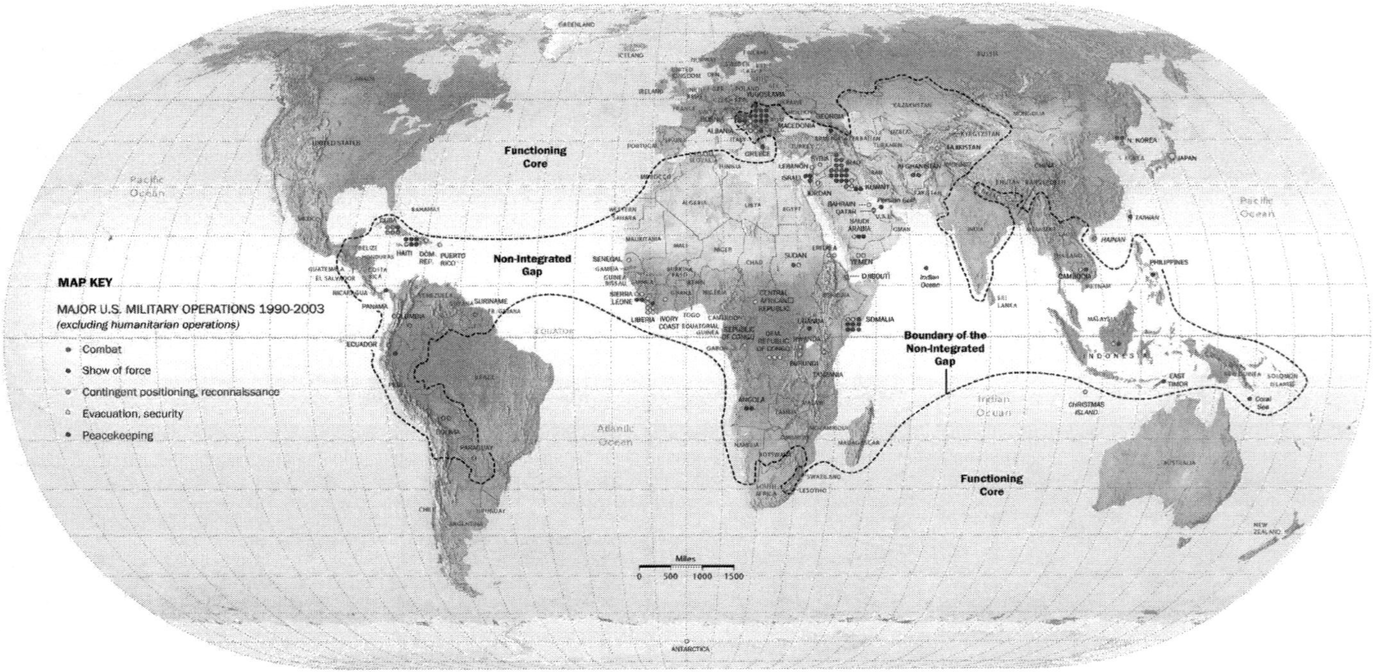

Ao visualizar o mapa de Barnett, você provavelmente vai se perguntar: Quem faz parte do *core* e da *gap*? Segundo o geoestrategista do Pentágono, a América do Norte, parte da América do Sul, a União Europeia, a Rússia, o Japão e as economias emergentes da Ásia, Austrália, Nova Zelândia e África do Sul fazem parte do centro funcional. No outro lado, países da Bacia do Caribe, quase toda a África, os Bálcãs, o Caúcaso, a Ásia Central, o Oriente Médio e o Sudoeste e o Sudeste Asiático fazem parte da lacuna não integrada.

Distintamente de Huntington, que delimita sua cartografia de poder com base na divisão entre as civilizações, para Barnett, as potências emergentes não ocidentais não são necessariamente ameaças ao Ocidente ou, mais especificamente, aos Estados Unidos. Na acepção de Barnett, a cultura não é o cerne explicativo das dinâmicas geopolíticas de conflito. Sua ideia de integração e não integração está diretamente relacionada ao nível de participação dos países no que diz respeito à globalização. Para Barnett, os principais desafios de segurança aos países integrantes do centro funcional, em especial os Estados Unidos, teriam origem em países da parte não integrada do mundo. Rússia e China, entre outros, travam suas lutas contra terroristas advindos do que Barnett chama de *lacuna não integrada*, como os chechenos no Caúcaso (Rússia) e a minoria Uigur (China), representativos dos grupos pouco envolvidos na globalização e resistentes às linhas gerais da construção da ordem liberal dominante. Como Spykman, que sofreu influência de aportes distintos – por exemplo, Mahan e Mackinder –, Barnett incorporou elementos de Fukuyama e Huntington na formulação de uma geopolítica original. Para ele, seria de se esperar que os principais conflitos internacionais surgissem na linha de fronteira entre o centro funcional e a lacuna não integrada.

O problema central para o geoestrategista americano está na questão da (des)conexão em relação à globalização. Para Barnett, a linha da fronteira da lacuna não integrada (no mapa) não apenas demarca a principal área de atuação e projeção de poder militar por parte dos

Estados Unidos entre 1990 e 2003, como também compreende uma agenda política. Essa leitura o levou a considerar desejável a invasão do Iraque por parte dos Estados Unidos em 2003. Em seu ponto de vista, *desconexão* significa "perigo", e o regime de Saddam Hussein levou o Iraque a uma situação de quase completa desconexão com o mundo globalizado, com suas regras e normas, capazes de integrar os países em laços de dependência mútua (Barnett, 2003, 2016). Em síntese, seria necessário expandir e aprofundar o processo de globalização e sua dimensão civilizacional.

Essa diretriz de política se assenta na ideia de que a globalização produz uma sólida rede de conexão entre todas as instâncias da vida. Os países que participam desse processo teriam em comum alto nível de interdependência, trocas comerciais e financeiras, laços de segurança e governos mais estáveis. A ausência ou a fraca manifestação do processo de globalização seria acompanhada por características como regimes repressivos, pobreza, doenças e altas taxas de criminalidade. Ademais, futuros terroristas poderiam surgir nessas regiões (Barnett, 2016).

Acerca da Guerra do Iraque, Barnett (2016, tradução nossa) diz: "A real razão pela qual eu apoio uma guerra como essa [contra Saddam] é que o resultado do compromisso militar de longo prazo finalmente forçará a América a lidar com toda a 'falha' como um ambiente de ameaça estratégica". Em sua essência, o argumento que permeia essa afirmação não é desconectado da história dos Estados Unidos. Em sua visão, a Guerra do Iraque marcou o compromisso dos EUA com a segurança internacional no pós-Guerra Fria, da mesma forma que a entrada do país na Segunda Guerra Mundial o levou a assumir tal responsabilidade. Segundo Barnett (2016, tradução nossa), "nossa próxima guerra no Golfo marcará o ponto na história, o momento em que Washington aceita a real liderança da segurança estratégica na era da globalização"[4].

---

4 No original: "*Our next war in the Gulf will mark a historical tipping point – the moment when Washington takes real ownership of strategic security in the age of globalization*".

Se, para Barnett, Osama Bin Laden e a Al-Qaeda eram produtos da falha não integrada, o risco atual consistia em terroristas atacarem o centro funcional diretamente. Dois problemas derivam dessa percepção: o primeiro, já mencionado ao falarmos do Iraque, é a necessidade de levar a guerra à casa do inimigo; o segundo é o fato de os terroristas poderem se utilizar do que ele chama de *Estados costura* (*Seam States*). Países como México, Brasil, África do Sul, Marrocos e Paquistão servem de zona de contato entre o centro funcional e a falha não integrada. Essa especificidade motivaria a cooperação por parte desses países junto aos Estados Unidos no combate ao terrorismo (Barnett, 2016).

Os esquemas explicativos de Fukuyama, Huntington e Barnett demonstram como a literatura de geopolítica e relações internacionais buscou dar conta da realidade do pós-Guerra Fria. No entanto, apesar das inovações conceituais e de enfoque, como as questões do modelo de sociedade e de civilização e dos efeitos de segurança da globalização, os problemas clássicos da geopolítica não tardaram a retornar ao palco da política internacional. A condição unipolar, ou de "multipolaridade não balanceada" (Mearsheimer, 2001), seria um determinante incômodo, que causaria reações. Retomando a clássica ação da balança de poder, surgiam as potências revisionistas e contestadoras[5] da ordem erguida pelos Estados Unidos e seus aliados. Como previsto na teoria da balança de poder, a instabilidade acompanha a transição de polaridade.

---

5 Não existe consenso sobre o *status* de revisionista quanto às potências abordadas neste capítulo. Para elucidar as controvérsias sobre esse assunto, leia Mead (2014) e Ikenberry (2014).

5.2 Estudo dos quadros de instabilidade mundial contemporâneos

O conjunto de transformações do pós-Guerra Fria analisado trouxe importantes desafios à geopolítica no final do século XX e início do XXI. Um dos temas centrais que permeiam os debates nesse período indaga sobre o fim da geopolítica, não apenas como sistema de explicação da realidade, mas como prática e comportamento dos Estados.

Nos momentos finais da primeira década do século XXI, foram colocadas em xeque a ideia de *fim da história* e a tese do *fim da geopolítica*. Um fenômeno relacionado à geopolítica e à geoestratégia vem ganhando força nas relações internacionais desde 2000, passando a adotar contornos preocupantes de 2008 em diante. Estamos nos referindo ao **retorno das potências revisionistas ou contestadoras do *status quo* de poder internacional**.

Na primeira década após o colapso da URSS, os Estados Unidos reforçaram o desenho da ordem internacional pós-Segunda Guerra, potencializado sob a Nova Ordem Mundial. No processo, propagavam-se as virtudes da democracia liberal e do capitalismo como modelo vencedor e a única opção viável para o futuro na globalização. Recuperando-se do peso da unipolaridade, potências como Rússia, China e Irã lentamante começaram a questionar a influência definidora dos Estados Unidos, não necessariamente na política mundial, mas especialmente em suas esferas de influência regionais. Com a Rússia anexando a Crimeia, a China expandindo sua presença naval no Pacífico, o Japão alterando sua constituição no quesito da cláusula antiguerra e o Irã sendo acusado de proliferação nuclear e estando envolvido militarmente na Guerra da Síria, o argumento a favor da geopolítica como força motriz do século XXI voltou a se intensificar.

Esse resultado representa um sério problema para os Estados Unidos e seu *status* de potência líder no pós-Guerra Fria. Washington buscou alicerçar os pilares da Nova Ordem Mundial sob o signo da democracia liberal e do capitalismo, de instituições multilaterais que propugnavam normas condizentes com essa visão de mundo. Nesse sentido, Mead (2014, p. 13, tradução nossa) alerta que

> "os ocidentais não deveriam ter tido a expectativa de que a geopolítica à moda antiga fosse embora. O fizeram porque fundamentalmente leram de forma equivocada o significado do colapso da União Soviética: o triunfo ideológico da democracia capitalista liberal sobre o comunismo, mas não o fim do poder duro".[6]

Segundo Mead (2014), o *establishment* de países ocidentais acreditou que os principais problemas geopolíticos haviam sido resolvidos, exceto as questões referentes à ex-Iugoslávia e ao conflito israelo-palestinos. Essa crença se assentava em eventos reais. Com a unificação da Alemanha, o fim da URSS, a desintegração do Pacto de Varsóvia e a integração de alguns desses países na Organização do Tratado do Atlântico Norte (Otan), o tabuleiro estratégico europeu parecia resolvido a favor dos Estados Unidos. Triunfante no estabelecimento de sua visão de ordem na Ásia e no Oriente Médio, o Ocidente acreditava que restava aos países não ocidentais juntarem-se ao movimento de modernização em todas as suas vertentes: econômica (capitalismo), política (democracia) e ideológica (liberal). Para Mead (2014) e, de certa forma, para Huntington (1996), essa visão representaria não apenas a crença no fim da história, mas também no fim da geopolítica, o que talvez não encontre respaldo diante dos conflitos neste início de século XXI.

---

6 No original: "*But Westerners should never have expected old-fashioned geopolitics to go away. They did so only because they fundamentally misread what the collapse of the Soviet Union meant: the ideological triumph of liberal capitalist democracy over communism, not the obsolescence of hard power*".

Conflitos do século XXI: potências revisionistas versus *status quo*?

Nesse contexto de **novas ameaças** e **reconfiguração dos espaços**, pela emergência de potências como a China e pelo **ressurgimento de poderes** como a Rússia, essa era geopolítica apresenta novas complexidades, agregando, assim, elementos novos. Com o advento de uma ordem unipolar, ou de supremacia militar e estratégica incontestada dos Estados Unidos, a influência tende a ser mais valorizada do que o controle direto sobre recursos e territórios alheios, especialmente no caso de potências médias e regionais (Zakaria, 2008).

Entre os pensadores que argumentam a continuidade ou o "retorno" da geopolítica no século XXI, Kaplan (2013) e Mead (2014) se sobressaem. Para eles, potências como Rússia, China e Irã agem no sentido contrário à ordem e à distribuição de poder configuradas após a queda do Muro de Berlim. Para Kaplan (2013), potências como a Turquia, entre a Europa e o Oriente Médio, e a degradação do México, na fronteira com os Estados Unidos, trazem novos problemas ao mapa de poder da década atual. Em síntese, configuram parte dos desafios do mundo pós-histórico (Mead, 2014). Para deixar mais claro como esses processos de desenvolvem, dissertaremos a seguir sobre os casos da China, do Irã e da Rússia.

China e reconfiguração do espaço asiático

A Ásia tem sido cada vez mais valorizada nos estudos da geopolítica contemporânea. Esse continente de grande importância estratégica passa a ser o epicentro das transformações na distribuição dos poderes econômico, tecnológico e militar na atualidade. A ascensão da China aponta para a emergência de novas potências com capacidade de afetar decisivamente tabuleiros importantes das relações internacionais (Zakaria, 2008). No concerto asiático, além da China, podemos citar diversos países capazes de influir no sistema (*System Affecting States*), como Rússia, Índia e Japão. Apesar de ser uma potência ocidental e americana, em virtude de sua projeção para o Pacífico, os Estados Unidos são uma das potências mais ativas na geopolítica da Ásia. A manutenção de dinâmicas de balança de poder, as rivalidades por recursos valorizados e o histórico de guerras fazem com que a Ásia enfrente desafios por uma maior cooperação na era da globalização.

É nesse cenário geopolítico e estratégico que a China vem realizando aquilo que chamou de *ascensão pacífica*[7]. A expressiva transformação de um país subdesenvolvido e "atrasado" nos anos 1940 na segunda maior potência econômica do mundo em 2016 envolveu um conjunto de transformações nas esferas social, cultural e militar. A ascensão da China pauta sua inserção internacional. Sua projeção global, calcada nas relações econômicas, comerciais e financeiras, é a contraparte de uma projeção militar centrada na sua esfera de influência imediata de poder.

Segundo o editor da área internacional da revista *Newsweek*, "Pequim percebeu que manter boas relações com os Estados Unidos era fundamental para o seu desenvolvimento, em parte porque queria ter acesso ao maior mercado mundial e à tecnologia mais avançada" (Zakaria, 2008, p. 117). Uma política de não interferência em assuntos domésticos e de não confrontação foi posta em prática para fins de cooperação. Contudo, questões em aberto têm mantido em ação motivadores para o conflito. Temas geopolíticos, como a independência de Taiwan, a maior dependência chinesa

---

7 Para uma perspectiva mais ampla sobre a estratégia de inserção internacional chinesa, veja Foot (2009).

em relação a *commodities*, recursos naturais, energia além-mar e seu evidente processo de modernização militar, acirram os ânimos naquela região da Ásia, pondo em xeque o *pacífico* de sua concepção de ascensão. Nesse esteio, a manutenção e o reavivamento de rivalidades regionais históricas com países como Índia, Japão e Vietnã distribuem as peças para compor a balança de poder asiática.

A distribuição de capacidades militares no ambiente asiático é assimétrica. Apenas em 2013, a China investiu 112.2 bilhões de dólares em gastos militares, sendo superada somente pelos Estados Unidos (600.4 bilhões). Rússia (68.2 bilhões), Japão (51 bilhões) e Índia (36.3 bilhões) também estavam entre os dez países que mais investiam em capacidades militares, segundo dados do *The Military Balance* (IISS, 2014). Se desconsiderarmos o peso dos Estados Unidos naquela região, a China penderá a balança de poder favoravelmente para seu lado em relação a seus contendores regionais. Entre as várias facetas da modernização militar em curso, destacamos a construção de capacidades navais. A conversão chinesa de uma potência eminentemente terrestre em uma possível potência marítima a fez se projetar para outros mares, como o Índico.

Mapa 5.3 – Situação estratégica do Oceano Índico

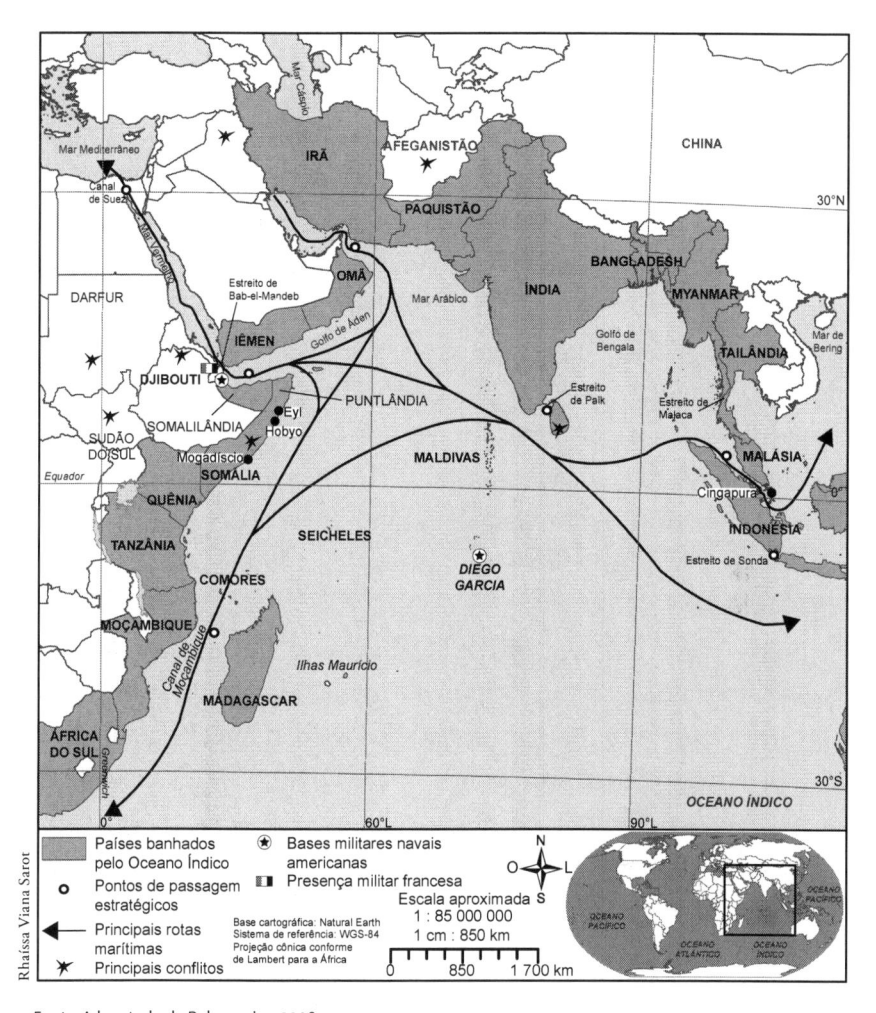

Fonte: Adaptado de Rekacewicz, 2008.

Como podemos observar no Mapa 5.3, o Índico é um dos principais corredores para o comércio chinês, seja para exportar, usando o Canal de Suez, seja para garantir importantes insumos para sua indústria e a economia em geral. A região do Índico coloca a China em contato com potências tradicionais, como Estados Unidos, Inglaterra e França, e também com emergentes, como a Índia, sua rival histórica. Esse tabuleiro estratégico atribui a Pequim o desafio de manter abertos os canais de comunicação e as passagens estratégicas que ligam o Oceano Índico ao Pacífico. A postura arrojada da China em construir bases navais e engendrar acordos de cooperação com países como Sri Lanka e Myanmar é vista como parte de sua estratégia de criar um "colar de pérolas" ao redor da costa da Índia. Essa estratégia de contenção compõe um dos ingredientes que levaram autores como Kaplan (2009) a considerar o Índico um dos principais epicentros de conflitos internacionais do século XXI.

Mais recentemente, Pequim se projetou de forma ousada para o Mar do Sul da China. Apesar do nome, essa porção marítima apresenta um complicado entrelaçado de soberanias e reinvidicações de território marítimo por parte de vários países, como China, Japão, Taiwan, Vietnã e Filipinas.

Atualmente, a principal crise internacional com potencial violento resulta da postura assertiva da China em aumentar seu domínio territorial no Mar do Sul da China, contrapondo-se à legislação vigente da Convenção das Nações Unidas sobre o Direito do Mar (*United Nations Convetion on the Law of the Sea-Unclos*), que delimita as zonas econômicas exclusivas dos países em 200 milhas náuticas.

Mapa 5.4 – Crise do Mar do Sul da China

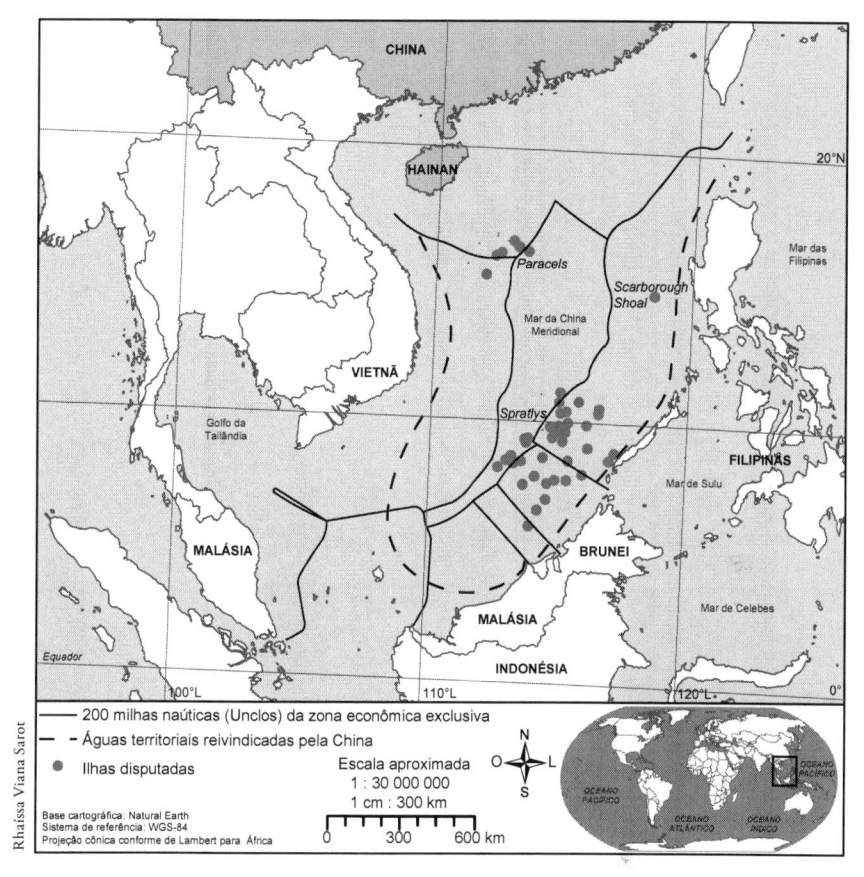

Fonte: Adaptado de BBC, 2016.

A atual configuração do impasse estratégico pelo controle das Ilhas Spratlys e das Ilhas Diaoyo/Senkaku tem levado os países da região a novos arranjos e alinhamentos militares, com repercussão para a projeção de poder na Ásia. A mais dramática dessas mudanças é a luta política no Japão para alterar sua constituição pacifista, reinterpretando o conhecido Capítulo 9, no qual o país renuncia à guerra. A potencialização do poderio militar japonês e o ressurgimento do nacionalismo nipônico são ingredientes que se opõem às expectativas de Pequim para a região. Segundo Mead (2014), apesar de a China contar com grandes aportes de capacidades de poder, a frustração tem sido o mote de suas políticas de poder na região. O autor assevera que a ascensão chinesa tem aproximado vários países asiáticos dos Estados Unidos, a exemplo do Japão; esse é, inclusive, um desafio estratégico importante para a China, que outrora foi eixo de um sistema sinocêntrico na Ásia. Parte desse desafio repousa no próprio papel que o Nordeste e o Sudeste Asiáticos representam na estratégia global estadunidense.

Mapa 5.5 – O Pacífico no planejamento estratégico dos Estados Unidos

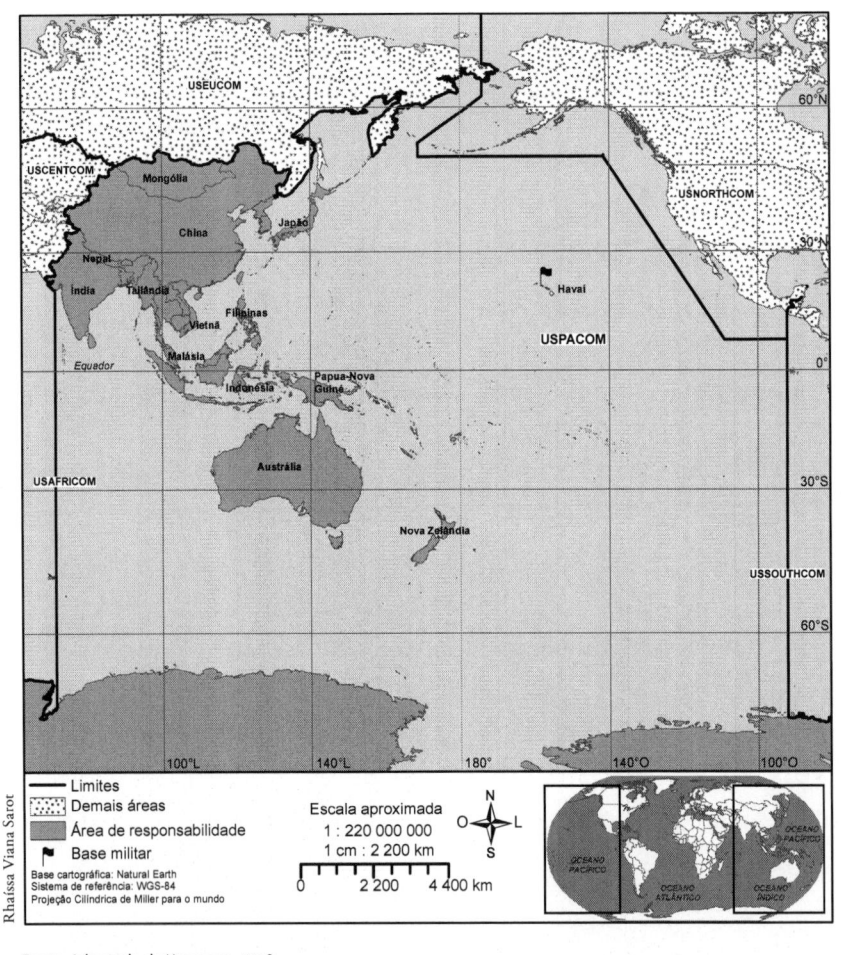

Fonte: Adaptado de Uspacom, 2016.

Em sua estratégia de projeção global de poder, os Estados Unidos têm um comando militar específico para o Pacífico, o *United States Pacific Command* (Uspacom). Dotado de comandos combatentes nas três vertentes do poder militar (aéreo, naval e terrestre), o Uspacom é a feição mais aparente da presença inconteste dos EUA não apenas na balança de poder asiática, mas também na geoestratégia da região.

A relação entre o desejo de potência chinês e a presença dominante dos Estados Unidos na região levou pesquisadores como John Mearsheimer (2006) a postular a tese de que uma guerra entre chineses e estadunidenses seria inevitável. Em uma perspectiva diferente, Mead (2014, p. 18, tradução nossa) afirma que, "ao mesmo tempo que crescem as capacidades de Pequim, também cresce a sua sensação de frustração. A emergência do poder chinês será correspondida pelo aumento da resolução do Japão, e tensões na Ásia possivelmente transbordarão para a economia e a política globais".[8] Enquanto essa previsão não se realiza, podemos afirmar que a inserção internacional da China e o remodelamento de seu ambiente estratégico movimentam a balança de poder asiática como há muito não se via. Nem mesmo a Coreia do Norte – apesar da preocupação com suas ações, pelo fato de o país possuir armamento nuclear e vetores de entrega – tem capacidade de alterar o equilíbrio de poder da China.

Irã e revisionismo do Novo Oriente Médio

Segundo Mead (2014), entre as alegadas potências revisionistas do século XXI, o Irã é a menos poderosa, mas apresenta uma trajetória mais exitosa quanto à realização dos objetivos regionais quando comparado à China e à Rússia. O autor explica que

---

8 No original: *"As Beijing's capabilities grow, so will its sense of frustration. China's surge in power will be matched by a surge in Japan's resolve, and tensions in Asia will be more likely to spill over into global economics and politics"*.

A combinação da invasão do Iraque e, em seguida, a retirada prematura dos Estados Unidos permitiu a Teerã cimentar laços profundos e duradouros com significativos centros de poder em toda a fronteira com o Iraque, um desenvolvimento que mudou tanto o equilíbrio de poder sectário como político na região. (Mead, 2014, p. 18, tradução nossa)[9]

Desde a Revolução Islâmica de 1979, o Irã passa por um processo de reinserção no Oriente Médio e no mundo. Destoando das opções ideológicas basilares do período bipolar, o país dos aiatolás se diferenciava de outros de maioria muçulmana na região. Além de ser uma nação predomiantemente persa, e não um país árabe, a fé majoritária no Irã é a versão xiita do islamismo. Se pudermos falar em mundo muçulmano, você entenderá que essa configuração política e social coloca o Irã em condições difíceis quando confrontado com a supremacia numérica de países de maioria sunita e árabe no Oriente Médio.

A rivalidade entre persas e árabes, somada às distintas interpretações do islã, ganhou nova colocação no início do século XX. Apesar de os Estados Unidos serem fortemente alinhados à Arábia Saudita (de maioria sunita e árabe) e a Israel, a Guerra do Iraque retirou do jogo o principal antagonista regional dos persas: Saddam Hussein. O Iraque, governado por Saddam à frente do Partido Baath, impunha o domínio da minoria sunita sobre a maioria xiita no país.

A rivalidade entre as tendências político-religiosas domésticas transbordou na sangrenta guerra entre Irã e Iraque (1980-1988). Após o término das hostilidades, o poderio iraquiano e sua capacidade de afetar a balança de poder regional foram progressivamente se esvaindo. A princípio, a Operação Tempestade do Deserto, que iniciou a Primeira Guerra do Golfo (1990-1991), reduziu

---

9 No original: "*The combination of the United States' invasion of Iraq and then its premature withdrawal has enabled Tehran to cement deep and enduring ties with significant power centers across the Iraqi border, a development that has changed both the sectarian and the political balance of power in the region*".

substantivamente a capacidade ofensiva iraquiana. Em segundo lugar, o conjunto de sanções econômicas e militares impostas à Bagdad pauperizou a população e enfraqueceu os meios de força do Estado. Em terceiro lugar, a Segunda Guerra do Golfo teve como resultado não apenas a vitória contra as Forças Armadas iraquianas durante a fase convencional da *Operation Iraqi Freedom*, mas também derrubou Saddam e desmontou as estruturas de poder e governo do partido Baath. Como resultado político, as minorias religiosas e a maioria xiita passaram a compor governos pós-invasão americana no contexto de uma tumultuada guerra civil e insurgência.

No aparente caos gerado pela Guerra do Iraque, surgiu uma oportunidade estratégica para o Irã. A derrubada do partido sunita no Iraque e a retirada das forças militares americanas desse país deixaram um vácuo, que vem sendo preenchido por atores regionais como Teerã e EI. Cada vez mais, o futuro do Iraque passa por suas relações com o Irã (Mead, 2014). A projeção de poder iraniana, em sua esfera de influência, também se fez sentir na Guerra da Síria (2011- até o presente): "na Síria, o Irã, com ajuda do aliado de longa data, o Hezbollah, tem conseguido reverter a tendência militar [desfavorável] e ajudar o governo de Bashar al-Assad diante de forte oposição do governo dos EUA. Esse triunfo da *realpolitik* adicionou consideravelmente ao Irã poder e prestígio" (Mead, 2014, p. 18, tradução nossa).

Apesar da relevância do papel desempenhado por Teerã na geopolítica do Oriente Médio contemporâneo, sua maior cartada foi dada nos campos nuclear e da geoestratégia. A despeito de apresentarem um programa nuclear de longa data, desde os anos 1950 o Irã tem sido acusado de ser um proliferador nuclear, um Estado que age de forma contrária aos ditames do Tratado de Não Proliferação Nuclear. Embora haja em seu entorno potências nuclearizadas, como Israel e Paquistão, Teerã argumenta que seu programa nuclear é para fins civis, pesquisas médicas e geração de eletricidade.

Mapa 5.1 – Armas nucleares no mundo (em ogivas nucleares)

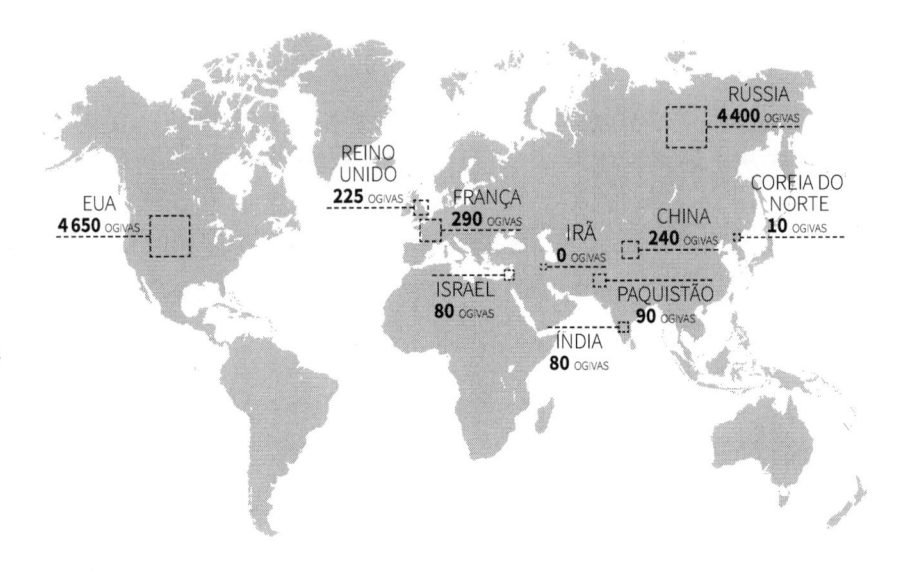

- RÚSSIA: 4 400 OGIVAS
- REINO UNIDO: 225 OGIVAS
- EUA: 4 650 OGIVAS
- FRANÇA: 290 OGIVAS
- CHINA: 240 OGIVAS
- COREIA DO NORTE: 10 OGIVAS
- IRÃ: 0 OGIVAS
- ISRAEL: 80 OGIVAS
- PAQUISTÃO: 90 OGIVAS
- ÍNDIA: 80 OGIVAS

Fonte: Adaptado de IG São Paulo, 2013.

Como demonstrado no Mapa 5.1, Estados Unidos e Rússia concentram o maior volume de ogivas nucleares no mundo. No Oriente Médio, apenas Israel figura como nuclearizado. Em princípio, o Irã não apresentaria risco para o *status quo* da não prolifração nuclear. Porém a descoberta por fontes de inteligência ocidental de atividades secretas nas centrais nucleares de Bushehr, Natanz e Arak reacendeu as suspeitas e pressões contra o Irã (Lampreia, 2014). Dessa forma, a tensão entre o direito ao domínio do ciclo completo de enriquecimento de urânio para fins pacíficos e o caráter eminentemente dual (uso civil e militar) da tecnologia nuclear colocam Teerá como um dos principais tópicos da agenda de segurança internacional dos Estados Unidos no pós-Guerra Fria e de outras potências nucleares, como China e Rússia.

O receio de um Irã nuclearizado alicerça-se na militarização de seu programa nuclear e em iniciativas comprovadas de Teerã de produzir vetores de entrega sofisticados. Com mísseis de alcance de 2.000 km (já desenvolvidos) e mísseis balísticos de 3.500 km (em desenvolvimento), o país afeta expressivamente a balança de poder do Oriente Médio. Como consequência, impõe riscos à ordem regional engendrada pela administração George W. Bush.

Gráfico 5.1 – Poder de fogo do Irã

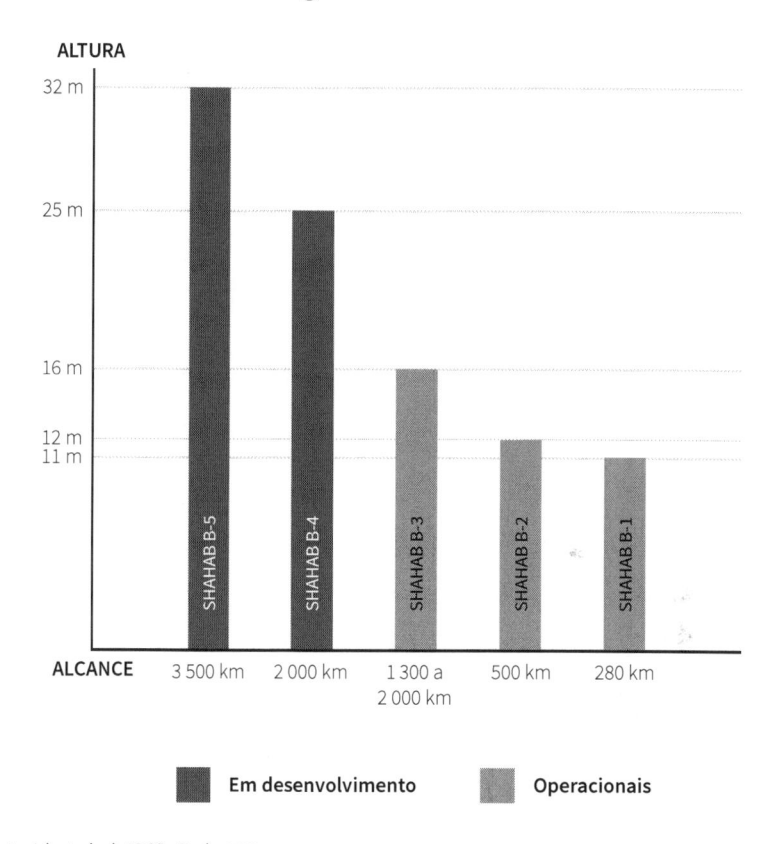

Míssil	Altura	Alcance	Status
SHAHAB B-5	32 m	3 500 km	Em desenvolvimento
SHAHAB B-4	25 m	2 000 km	Em desenvolvimento
SHAHAB B-3	16 m	1 300 a 2 000 km	Operacionais
SHAHAB B-2	12 m	500 km	Operacionais
SHAHAB B-1	11 m	280 km	Operacionais

Fonte: Adaptado de IG São Paulo, 2013.

Mapa 5.2 – Alcance do poder de fogo do Irã

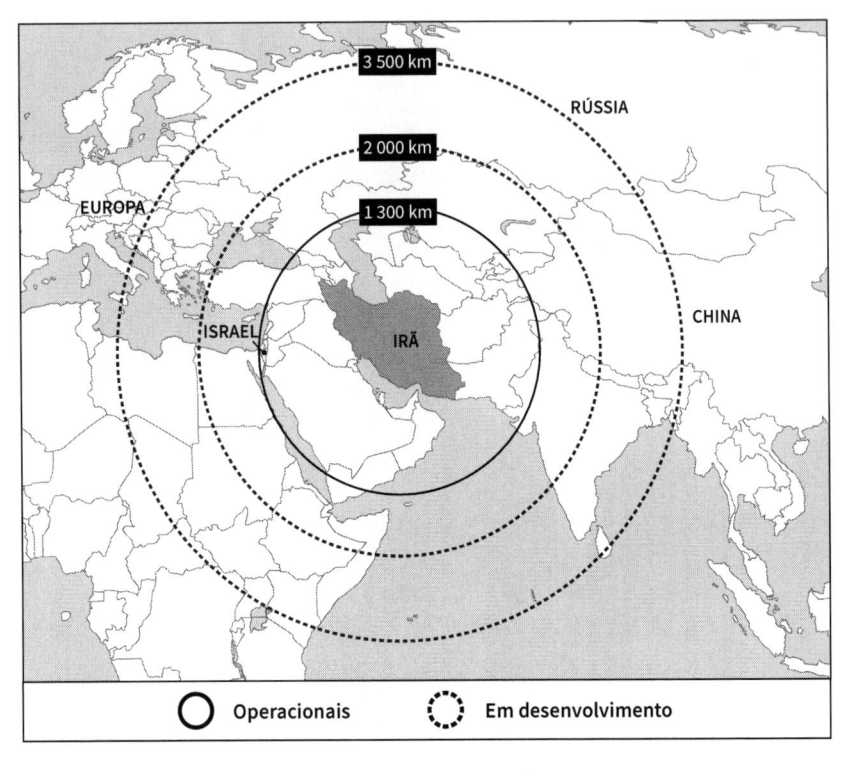

Fonte: Adaptado de IG São Paulo, 2013.

O acumulado de experiências e tratativas de membros do Conselho de Segurança da Organização das Nações Unidas (ONU), inclusive Rússia e Irã e de outras iniciativas multilaterais que buscavam o acordo nuclear com o Irã, permitiu aos Estados Unidos engendrarem a *Dual Track Strategy* (Lampreia, 2014). De um lado, engajava Teerã com políticas coercitivas multilaterais, como restrições severas à exportação de petróleo; de outro, criava condições para um acordo e cessões por parte do Irã, chegando-se, em 2015, a um acordo nuclear com esse país. Apesar de dificuldades no Congresso Americano, o acordo até o momento tem sido um sucesso em frear o programa nuclear iraniano, permitindo que Teerã se reinsira nos mercados globais de petróleo. Em que pese o descontentamento de Israel e da Arábia Saudita, analistas como

Ikenberry (2014) elogiam a tentativa do então presidente Obama em separar a questão nuclear do Irã de sua emergência como potência rival na região.

Por outro lado, a redução da pressão internacional nessa matéria libera esforços para que o país aja mais decisivamente em seu entorno estratégico, projetando influência no Iraque ou na Síria. Esse desdobramento conecta a geopolítica iraniana com a reemergência da Rússia. A articulação entre Teerã e Moscou ocorre tanto nos campos de batalha da Síria como na ONU, onde, na Assembleia Geral e no Conselho de Segurança, Irã e Rússia, respectivamente, defendem o governo de Damasco. Contudo, para entender como isso foi possível, devemos prestar atenção na reascensão de Moscou no cenário internacional na última década.

Reemergência da Rússia na geopolítica contemporânea

Segundo a classificação de potências revisionistas de Mead (2014), a Rússia seria um caso intermediário. Para o analista americano, a Rússia é mais bem-sucedida do que a China em questões geopolíticas regionais, mas menos do que o Irã. Desde que assumiu, pela primeira vez, o posto de presidente da Federação Russa, Vladmir Putin age no sentido de reestruturar o poderio russo, restabelecendo espaços e a influência perdidos de forma célere nos anos iniciais do pós-Guerra Fria. Entretanto, como pontuado por MacFarlane (2009) e Mead (2014), o peso e a força econômica da Rússia pós-soviética não suportam os custos da reestruturação de um espaço de poder semelhante ao da antiga URSS.

Desde o declínio da União Soviética, não apenas a economia russa decaiu; a capacidade militar e os meios de projetar força no seu entorno também foram seriamente prejudicados. Enquanto o Pacto de Varsóvia deixou de existir após o colapso da URSS, a Otan passou por um processo robusto de transformação (Wallander; Keohane, 1999), inserindo em seu conjunto vários países da antiga Cortina de Ferro, com destaque para Alemanha (Oriental), Polônia, República Checa, entre outros.

Mapa 5.6 – Expansão da Otan (1949-2009)

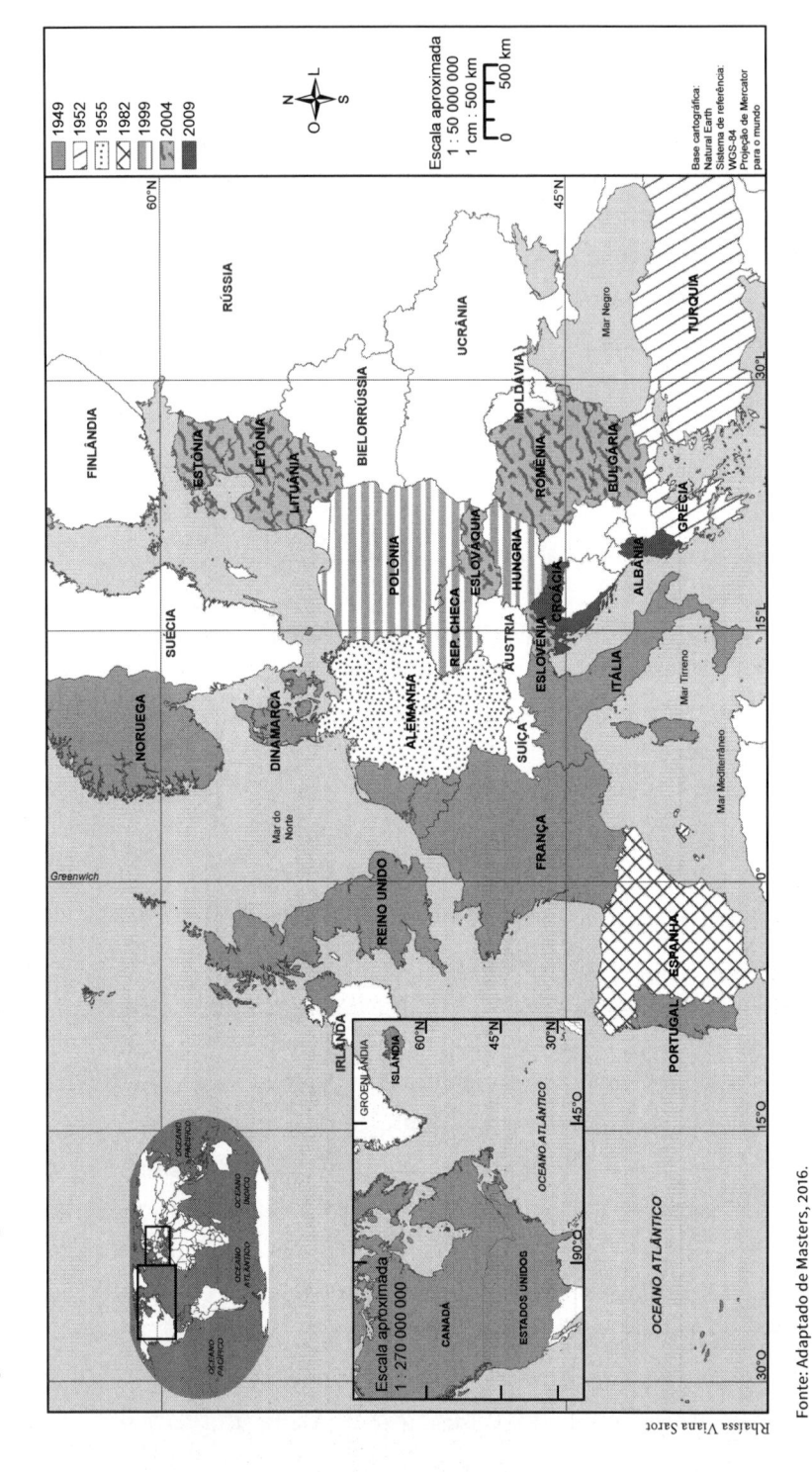

Fonte: Adaptado de Masters, 2016.

Se em terra, na porção ocidental da Eurásia, os Estados Unidos ampliaram sua rede de contenção do poderio russo, nos mares circundantes, em particular nos Mares Mediterrâneo e Negro, planejam instalar um complexo sistema de defesa contra mísseis balísticos, o Aegis Umbrella (Guarda-Chuva Aegis). Considerando que os meios balísticos desenvolvidos pelo Irã e pela Coreia do Norte poderiam atingir países aliados, seria necessário criar um sistema de detecção e interdição missilística na Europa, com base em meios terrestres e navais.

Mapa 5.7 – Aegis Umbrella

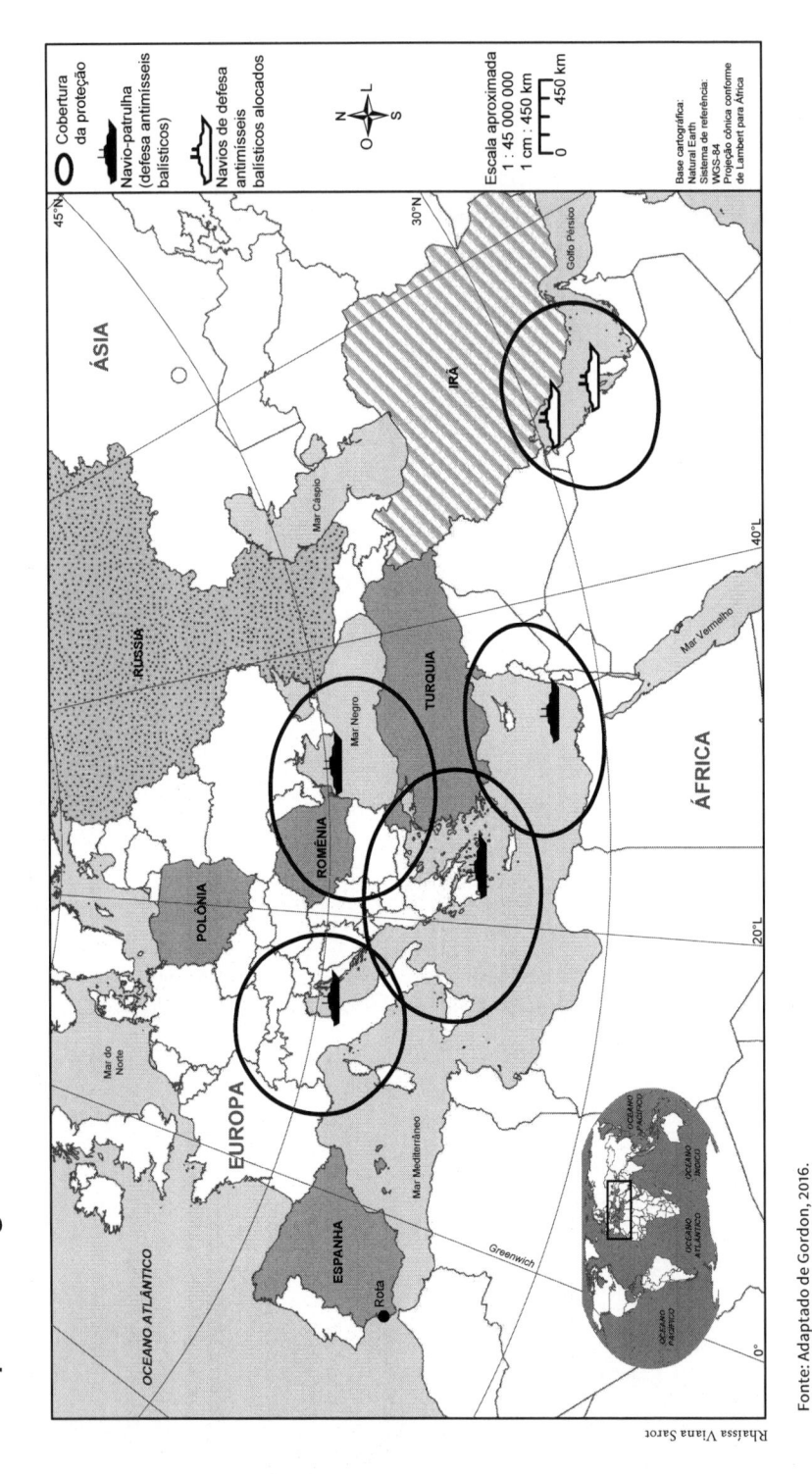

Fonte: Adaptado de Gordon, 2016.

Desde 2008, quando a Rússia participou da guerra contra a Geórgia sob a justificativa de proteger as minorias russófonas na Ossétia do Sul (enclave ao norte do território georgiano) após agressão por forças georgianas, Putin apresentou uma disposição ímpar em frear o processo de perda de influência e *status* no espaço da antiga URSS.

Para Mead (2014), o presidente russo obteve sucesso em bloquear a expansão da Otan. Nessa empreitada, retirou território da Georgia e trouxe a Armênia para sua influência. Como observado no mapa a seguir, o ápice da expansão russa foi a incorporação da Crimeia, no contexto da Guerra civil Ucraniana.

Mapa 5.8 – Expansão territorial e da influência russa pós-Putin

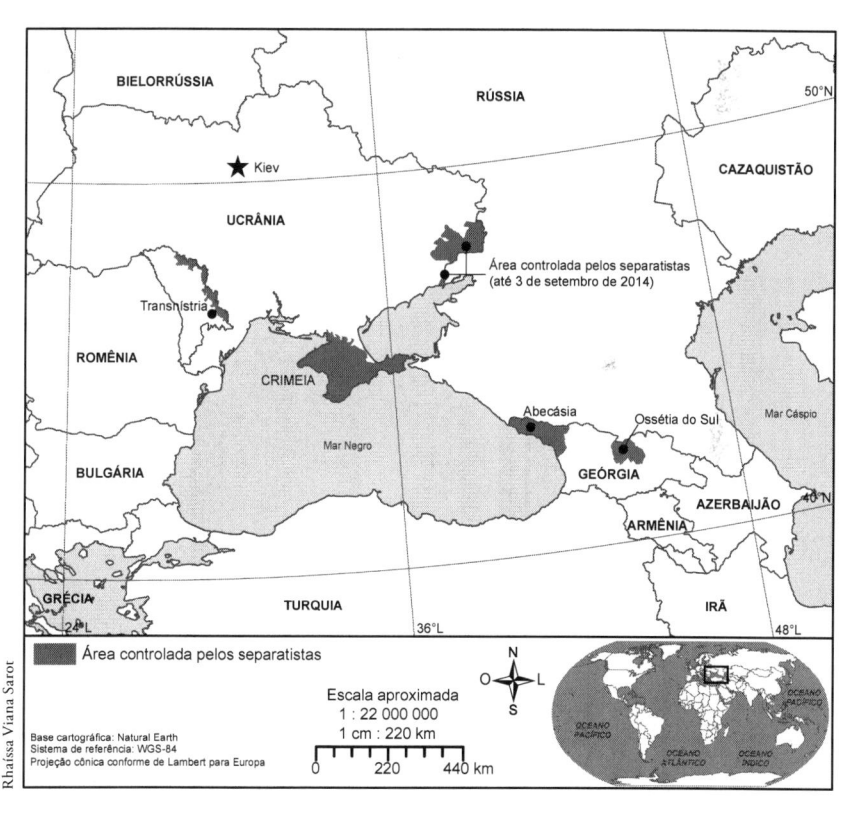

Fonte: Adaptado de Tharoor, 2014.

Ao longo da geo-história eslava, a Península da Crimeia pertenceu ao Império Russo e, depois, à República Socialista Federativa da Rússia, no seio da União Soviética; em 1954, Khrushchev cedeu aquele território à República Socialista Soviética Ucraniana. Com o estabelecimento do poder soviético e sua posterior inclinação aos mares quentes, a Crimeia convertera-se em um território fundamental para projetar poder marítimo para o Mar Negro, o Mar Mediterrâneo, entre outros. Com a dissolução da URSS, Rússia e Ucrânia celebraram acordos que permitiram a Moscou manter o uso administrativo e militar da península, alocando nela parte considerável de sua força naval (Frota do Mar Negro). Essa condição, porém, seria ameaçada por eventos políticos inesperados em Kiev.

A partir dos anos 2000, o mundo foi varrido pelas chamadas *revoluções coloridas*, que atingiram primeiramente a Sérvia (2000), depois a Geórgia (2003) e, mais recentemente, a Ucrânia (2004) e o Quirguistão (2005). Países da antiga Cortina de Ferro passaram por mudanças de governo e, às vezes, de regime (Cheterian, 2005), que, em tese, os aproximavam à concepção de mundo capitalista, liberal e democrata. Na prática, esses países passaram para a órbita de influência dos Estados Unidos e da União Europeia, com consequências geopolíticas catastróficas para a Rússia.

A Ucrânia, oscilando entre a influência da União Europeia e a da Rússia, passou por um turbulento processo eleitoral em 2010. Yanukovych se tornava presidente do país. Visto como um candidato pró-Rússia, praticou uma espécie de diplomacia pendular buscando barganhar com Moscou e Bruxelas, no sentido de conseguir melhores opções e acordos para Kiev. Como resultado, um acordo com a União Europeia foi acertado, mas acabou frustrado por uma reviravolta nas negociações por interferência de Moscou, contrária àquela resolução. Yanukovych cedeu em favor do governo russo, fazendo com que segmentos da sociedade civil se voltassem contra seu governo e contra a influência russa na Ucrânia. Após os famosos protestos na Praça Maidan, a principal da capital ucraniana, Kiev, o presidente pró-russo caiu, levando o país a uma sangrenta guerra civil, a qual permanece ativa.

No contexto de profunda instabilidade na Ucrânia, em que sua principal base de operações no Mar Negro estava em risco, Moscou jogou a carta mais ousada desde o fim da Guerra Fria: anexou a Crimeia, agora uma república autônoma.

Mapa 5.9 – Posicionamento estratégico da Crimeia

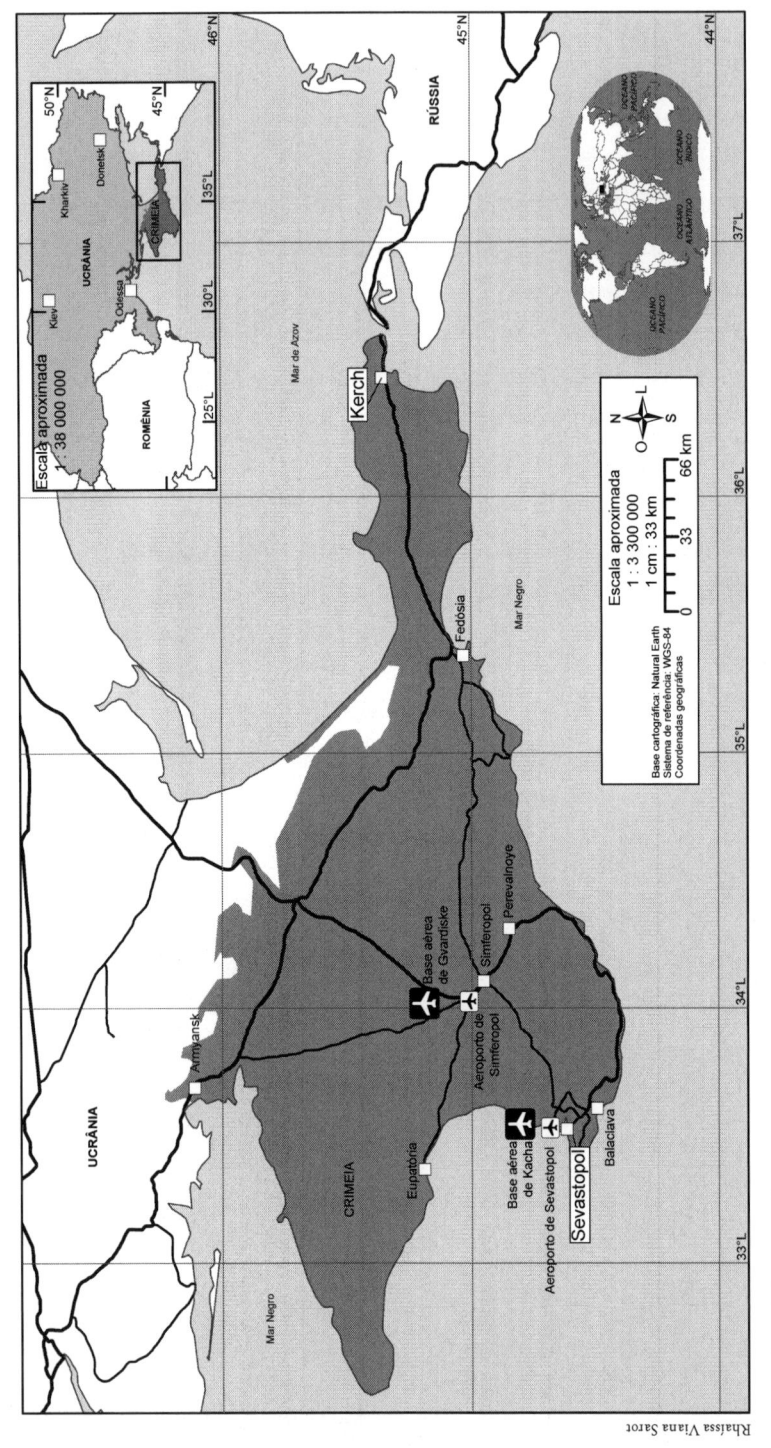

Fonte: Adaptado de BBC Brasil, 2014.

Em 1996, Samuel Huntington realizou uma intrigante análise que acabou sendo confirmada pela atual Guerra da Ucrânia. Dialogando com John Mearsheimer, representante do que Huntington chamou de *paradigma estatista*, afirmava que o neorrealista americano vislumbrava um futuro conflituoso entre Rússia e Ucrânia ainda nos idos de 1996. Em suas palavras:

> a situação entre Ucrânia e Rússia está à beira de um surto de competição de segurança entre elas. Grandes potências que compartilham fronteiras em comum, longas e desprotegidas, como Rússia e Ucrânia, normalmente caem em competição motivadas por receios de segurança. Rússia e Ucrânia podem superar essa dinâmica e aprender a viver em harmonia, mas será incomum se isso vier a ocorrer (Mearsheimer, citado por Huntington, 1996, p. 37, tradução nossa)[10].

Huntington (1996), partindo do pressuposto de que paradigmas geram predições, põe em teste o paradigma civilizacional. Ao enfatizar questões como os laços culturais e históricos que ligam Rússia e Ucrânia, ele chama atenção para a existência de uma *fault line* (linha de falha) que separaria a civilização ortodoxa (leste da Ucrânia) da ocidental (oeste da Ucrânia). Para Huntington, em vez de Kiev e Moscou engendrarem uma competição estratégica, que poderia ocasionar uma guerra entre ambos, seria mais provável a divisão da Ucrânia em dois países, amparada no corte civilizacional interno. A clareza na previsão de Huntington espanta, em especial quando afirma que, diante da possibilidade de a Ucrânia se dividir

---

10 No original: "*the situation between Ukraine and Russia is ripe for the outbreak of security competition between them. Great powers that share a long and unprotected common border, like that between Russia and Ukraine, often lapse into competition driven by security fears. Russia and Ukraine might overcome this dynamic and learn to live together in harmony, but it would be unusual if they do*".

em duas, "a separação baseada em fatores culturais levaria a prever que seria mais violenta do que na Tchecoslováquia, mas menos sangrenta que na Iugoslávia"[11] (Huntington, 1996, p. 37, tradução nossa).

Embora seja tentador ler a recente expansão do poderio russo na Eurásia como uma postura ofensiva, existem fortes indícios de se tratar de uma contraofensiva geoestratégica. Como demonstrado anteriormente, vários países do Pacto de Varsóvia fazem hoje parte da Otan. Para autores como Ikenberry (2014, p. 30, tradução nossa), apesar de vitórias na Geórgia, Armênia e Crimeia, "a Rússia não está em ascensão; pelo contrário, está experimentando uma das maiores contrações geopolíticas por que uma grande potência passou na era moderna"[12]. Um mapa de Brzezinski é ilustrativo do tamanho das perdas de Moscou no pós-1991.

---

[11] No original: "*a civilizational approach minimizes that and instead highlights the possibility of Ukraine splitting in half, a separation which cultural factors would lead one to predict might be more violent than that of Czechoslovakia but far less bloody than that of Yugoslavia*".

[12] No original: "*Russia is not on the rise; to the contrary, it is experiencing one of the greatest geopolitical contractions of any major power in the modern era*".

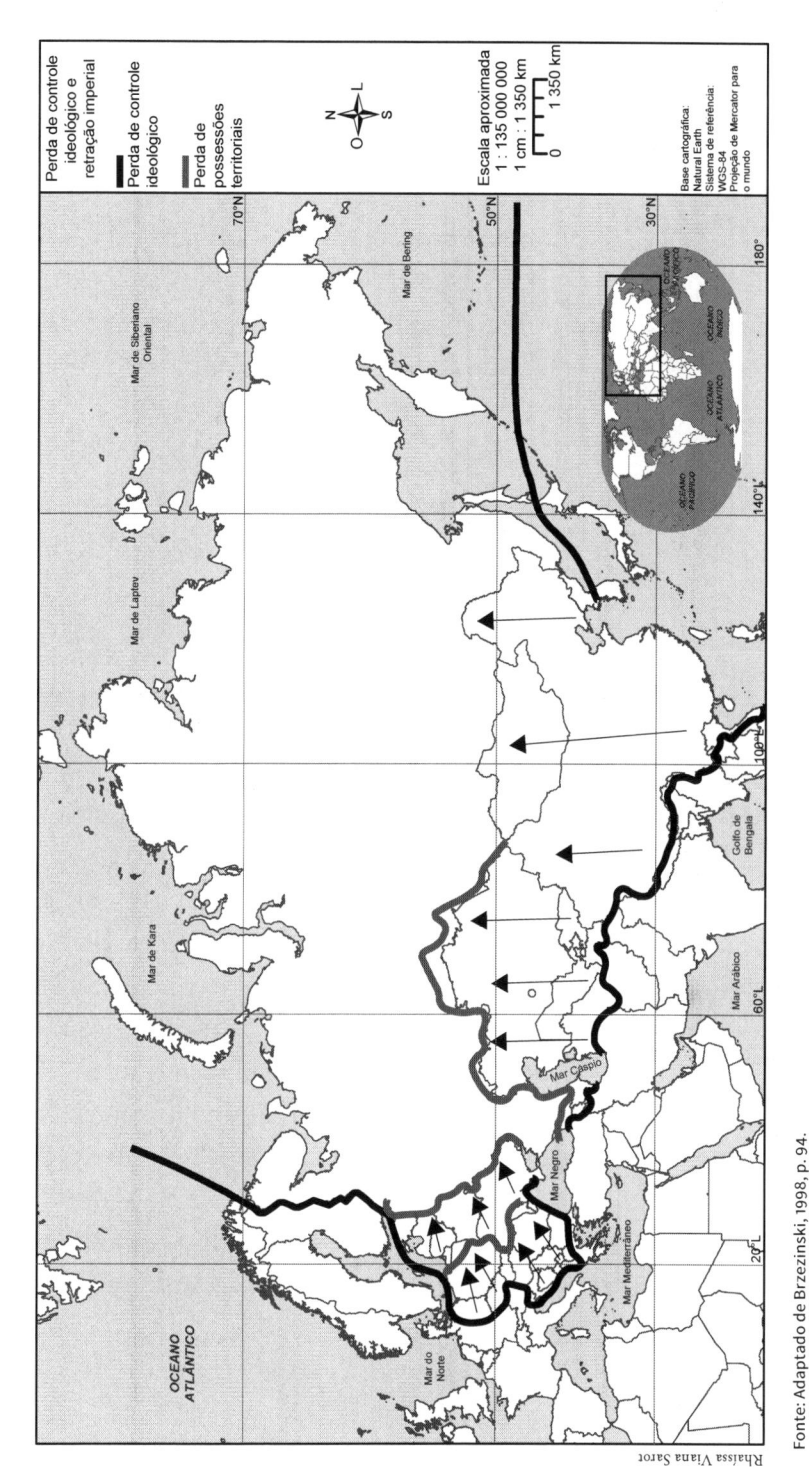

Mapa 5.10 – Recuo geoestratégico russo no pós-Guerra Fria

Legenda:
- Perda de controle ideológico e retração imperial
- Perda de controle ideológico
- Perda de possessões territoriais

Escala aproximada
1 : 135 000 000
1 cm : 1 350 km
0 — 1 350 km

Base cartográfica:
Natural Earth
Sistema de referência:
WGS-84
Projeção de Mercator para o mundo

Fonte: Adaptado de Brzezinski, 1998, p. 94.

Embora o uso da força por parte de Moscou contra países do Leste Europeu possa ter sido motivado mais por suas fraquezas do que por sua força, a Rússia lança mão de sua participação na Guerra da Síria como meio de balancear e competir com os Estados Unidos. Nesse sentido, alinhamentos com países como China e Irã lhe são favoráveis. Apesar de não estar amparada em quantidades de poder compatíveis com os desígnios geopolíticos, a Rússia sob Putin joga um inteligente jogo de xadrez internacional, movendo-se com cautela e frieza rumo a um resultado em aberto.

5.3 Balanço do debate geopolítico no pós-Guerra Fria

Diferentemente do mundo triunfante do capitalismo global, da proliferação das democracias liberais e do livre comércio, a realidade do pós-Guerra Fria apresenta elementos importantes de contestação não apenas à ordem vigente, mas também a teses como as do fim da história e do fim da geopolítica. A velha política da expansão territorial, do controle dos mares e estreitos, da projeção de poder pelos ares e da gramática da guerra como vocabulário político não deixou de existir no século XXI. Contudo, a contestação à ordem e o conteúdo revisionista têm limitações importantes, que afetam a forma como a geopolítica se processa no contexto contemporâneo.

Um dos aspectos que distinguem o mundo do século XXI da geopolítica do século XIX e começo do XX é a **unipolaridade**. Seja a gigantesca concentração de poder militar nas mãos dos Estados Unidos, seja uma visão suavizada de **hegemonias regionais** ou **multipolariade desequibilibrada**, como prefere Mearsheimer (2001), o panorama geoestratégico de nossos dias é envolto na sombra de um hiperpoder. De certa forma, isso limita o comportamento revisionista de potências como China, Rússia e Irã. Contrário à análise de Mead (2014), Ikenberry (2014) considera que o comportamento de potências revionistas é mais bem explicado por suas fraquezas do que por suas forças.

Outro aspecto expressivo, muito bem desenvolvido por Kaplan (2013), Mead (2014) e Ikenberry (2014), é o fato de essas potências terem rivalidades entre si e pontos de atrito, que dificultam, por exemplo, a construção de uma coalizão revisionista capaz de subverter a ordem internacional pós-Guerra Fria. Lembrando Barnett (2003), os Estados Unidos continuam sem um antagonista à altura da URSS. Apesar de políticas como a barganha pelo aumento do preço do petróleo e pela proliferação nuclear, entendidas como revisionistas por Mead (2014), potências como China, Irã e Rússia contestam as limitações da ordem internacional.

Como pontua Ikenberry (2014), em crítica a Mead (2014), talvez não estejamos vivenciando uma busca pelo controle do Heartland, da Ilha Mundial e do mundo. A subversão da ordem por outra se restringe a lutar por esferas de influência e pelo possível reordenamento de seus espaços de poder naturais. É como se Ratzel e Kjellén estivessem de volta, mas com menos ímpeto guerreiro, limitado por um quantitativo de poder americano não compensado. O colossal poder estadunidense configura-se como o principal obstáculo para a realização da agenda desses países (Mead, 2014). O fato é que a Eurásia, como vislumbrada por Mackinder, voltou à cena internacional.

Mapa 5.11 – Tabuleiro de xadrez eurasiático

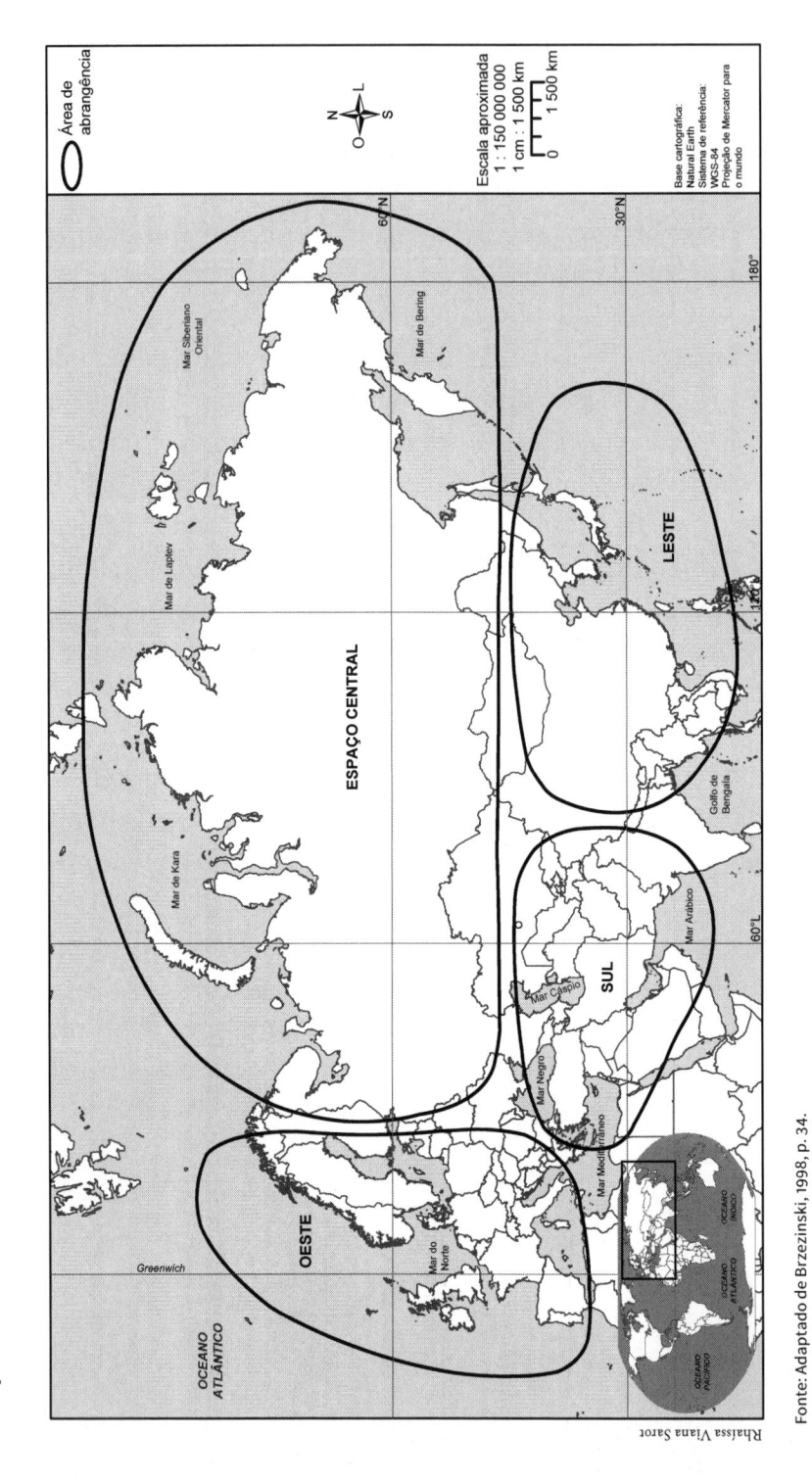

Fonte: Adaptado de Brzezinski, 1998, p. 34.

A geopolítica e a geoestratégia resultantes da interação entre superpotência, grandes potências e potências emergentes têm em comum o fato de Rússia, China e Irã fazerem parte da grande massa de terra euroasiática. Em algum grau, por mais limitado que seja o escopo da revisão da ordem do pós-Guerra pretendida por Moscou, Pequim ou Teerã, esses países acometem os interesses dos Estados Unidos e, em especial, sua tradicional estratégia de contenção eurasiática. Eles afetam especialmente os anseios para a construção de um mundo pós-histórico, de predomínio do ideário americano, tão bem ilustrado por Francis Fukuyama. O retorno da política de poder, ancorada na geopolítica desses povos, traz de volta os nacionalismos e as perspectivas tradicionalistas como opositoras da visão de mundo propugnada por Washington.

Apesar de o debate sobre o retorno ou a ilusão da geopolítica ainda estar em aberto, o modelo de sociedade ofertado no século XXI continua com raízes fincadas nas ideias triunfalistas do pós-Guerra Fria. Se, ao término da Segunda Grande Guerra, os Estados Unidos e seus aliados mesclaram política de poder com construção institucional para reordenar o mundo pós-Guerra, não seria diferente após a bipolaridade. Ancorar a liderança, ou a hegemonia, como prefere Agnew (2003), não reduz a importância da geopolítica. Como afirma Ikenberry (2014, p. 25, tradução nossa)[13], "a construção de ordem não é uma premissa que repousa no fim da geopolítica; é sobre como resolver as grandes questões da geopolítica".

A construção da ordem e sua reificação no século XXI repousam em uma estrutura de poder imaterial e simbólica, como argumenta a escola crítica de geopolítica (Agnew, 2003, 2008; Cairo, 2008; Preciado, 2008), sobretudo na capacidade de usar a coerção e a força se necessário. Descendendo do legado geopolítico de Mahan, Spykman e Kennan, os Estados Unidos criaram uma estrutura de

---

13 No original: *"Order building is not premised on the end of geopolitics; it is about how to answer the big questions of geopolitics"*.

poder capaz de projetar força para qualquer parte do mundo. Hoje, são um dos únicos países a não apenas realizar planejamentos globais em termos geoestratégicos, mas a agir em qualquer cenário ou teatro de operações.

Essa estrutura de poder dos Estados Unidos se ancora em fundamentos de que China, Rússia, Irã e outras possíveis potências revisionistas não dispõem. Primeiramente, aprendendo a lição da Inglaterra como fiadora do equilíbrio de poder europeu, os Estados Unidos construíram um sistema de alianças e alinhamentos em todo o globo. Em segundo lugar, o equilíbrio estratégico proporcionado pela controlada proliferação nuclear e a lógica de destruição mútua assegurada que esse tipo de armamento engendra tornam inviáveis confrontações convencionais com os Estados Unidos ou outras grandes potências, sobretudo as nuclearmente armadas.

Em terceiro lugar, a vantagem geográfica da localização e do espaço vital estadunidense o mantém relativamente seguro da abordagem anfíbia por parte de potências revisionistas. Sua feição mais conhecida da projeção de poder militar é a naval, normalmente menos ameaçadora em termos simbólicos do que o poder territorial dos Exércitos (Moran, 2010; Ikenberry, 2014).

A geografia também produz um quarto fator de destaque: se, por um lado, ela beneficia os Estados Unidos com um esplêndido isolamento, o mesmo não pode ser dito das principais candidatas a potências revisionistas. Tanto China quanto Rússia ou Irã, em virtude de massas contíguas de terra, estão cercados por antagonistas e rivais, desgastando seu foco e sua atenção para balancear a hegemonia regional americana. O grande desafio, aquilo que os geopolíticos críticos chamam de *hegemonia dos Estados Unidos*, contra o qual as potências revisionistas se insurgem, consiste em oferecer um novo modelo de modernidade. De certa forma, nem a China, nem a Rússia, nem o Irã propõem o rompimento com o paradigma liberal-capitalista do pós-queda do Muro de Berlim. Talvez, em uma perpsectiva mais próxima à de Huntington, almejem a possibilidade de uma configuração multipolar abarcar uma perspectiva multicivilizacional, em que a convivência entre distintos modelos de sociedade seja viável. Nesse sentido, o desafio da geopolítica do século XXI está posto à mesa; uma de suas principais questões consiste em saber se estamos vivenciando uma Segunda Guerra Fria.

> **Para saber mais**
>
> BRZEZINSKI, Z. **The Grand Chessboard**: American Primacy and its Geostrategic Imperatives. New York: Basic Books, 1998.
>
> Um dos principais geoestrategistas vivos, Brzezinski apresenta nessa obra um importante panorama para a compreensão das dinâmicas profundas por trás de conflitos atuais que envolvem Estados Unidos, Rússia e China.
>
> KAPLAN, R. D. **A vingança da geografia**: a construção do mundo geopolítico a partir da perspectiva geográfica. Rio de Janeiro: Campus/Elsevier, 2013.
>
> Trata-se de uma obra de conteúdo recente. Kaplan é um grande divulgador da geopolítica, especialmente em análises de conjuntura. Esse livro propicia a revisão de vários conceitos e autores da geopolítica, agora em confronto com o cenário estratégico das primeiras décadas do século XXI. É uma leitura obrigatória.

Síntese

Neste capítulo, apresentamos os principais debates geopolíticos do pós-Guerra Fria. Desde a questão do fim da história às hipóteses de conflito entre países do centro funcional e da lacuna não integrada, você deverá saber distinguir os principais argumentos sobre o futuro da ordem internacional contemporânea. Com vistas a estabelecer uma conexão entre teoria e empiria, desenvolvemos análises sobre os casos da China, do Irã e da Rússia, seus conflitos e suas tensões atuais. Essa é uma forma de ilustrar o embate entre os autores que defendem e os que criticam a tese da vingança da geografia, vista como um retorno da geopolítica aos palcos internacionais do século XXI. Acreditamos que essa primeira aproximação com o balanço do debate geopolítico no pós-Guerra Fria tenha sido útil para melhor examinar os conflitos internacionais de nossos tempos.

Questões para revisão

1. De acordo com a hipótese subjacente ao choque de civilizações, os conflitos serão motivados por:
    a. surgimento de ideologias radicais que optam pela violência como forma de luta.
    b. grandes divisões entre a humanidade, cuja fonte será cultural.
    c. declínio do monopólio legítimo da violência do Estado e surgimento de grupos armados não estatais.
    d. grandes divisões entre a humanidade, cuja fonte será econômica.
    e. balança de poder no nível do sistema.

2. Segundo Thomas Barnett, o novo mapa do Pentágono teria de lidar com conflitos armados vindos:
    a. de potências revisionistas, como China e Rússia.
    b. de países e grupos desconectados do processo de globalização.
    c. de desastres ambientais e mudanças climáticas.
    d. do peso de civilizações não ocidentais.
    e. de ameaças ideológicas, como o comunismo e o fascismo.

3. O expansionismo russo durante a era Putin é uma das marcas da geopolítica contemporânea, sendo a anexação da Crimeia seu evento mais complexo. Sobre esse processo, qual das alternativas a seguir apresenta a melhor explicação?
   a. Para Mearsheimer, grandes potências que compartilham fronteiras em comum, longas e desprotegidas, como Rússia e Ucrânia, normalmente caem em competição motivadas por receios de segurança.
   b. Para Mearsheimer, grandes potências que compartilham fronteiras em comum, longas e desprotegidas, como Rússia e Ucrânia, normalmente caem em competição motivadas por receios de diferenças culturais.
   c. Para Huntington, o mais provável era a divisão da Ucrânia em dois países, amparada no corte civilizacional interno.
   d. Para Huntington, o mais provável era a divisão da Ucrânia em dois países, amparada no corte econômico interno.
   e. Para Huntington, o mais provável era a divisão da Ucrânia em dois países, amparada no padrão de distribuição espacial da atividade econômica interna.

4. De que forma os desafios geopolíticos dos anos 1990 e 2000 contestam a ideia de fim da história como entendida por Francis Fukuyama?

5. Com o advento do fenômeno chamado de *retorno da geopolítica*, é possível afirmar que retomamos a política internacional dos séculos XIX e XX? Justifique sua resposta.

Questões para reflexão

1. Pesquise sobre o processo de expansão da Otan desde o final da Guerra Fria até os dias atuais e responda: A Rússia está em uma ofensiva ou defensiva geopolítica? Justifique sua resposta.

2. Mesmo com a enorme interdependência econômica, comercial e financeira entre Estados Unidos e China, é possível afirmar que existe uma política de contenção a Pequim? Justifique sua resposta.

Mãos à obra

Após a libertação de Palmira (Síria) das "garras" do Estado Islâmico (EI), a cidade recebeu um concerto de música erudita em seu histórico anfiteatro da era romana. Realize uma pesquisa sobre esse tema e explique o significado desse evento para a geopolítica.

Estudo de caso

Política de contenção da Rússia no século XXI: um estudo de caso da operação Atlantic Resolve

Diferentemente do padrão defensivo e conciliador adotado por seus antecessores quanto à expansão da Organização do Tratado do Atlântico Norte (Otan) e à presença da Aliança Atlântica na antiga área de influência da União Soviética, desde o início dos anos 2000 o governo Putin articula reações enérgicas. Desde a Guerra da Geórgia (2008) até a anexação da Crimeia, a Rússia tem a intenção de frear o processo de contenção eurasiática contra si. Como resposta ao comportamento russo na região, o Presidente Obama autorizou o início da operação Atlantic Resolve, um dos mais relevantes reposicionamentos de forças militares da Aliança Atlântica na Europa do Leste. De acordo com o Departamento de Defesa dos Estados Unidos, o país estaria demonstrando aos aliados da Otan seu compromisso com a paz, a segurança e a estabilidade na Europa.

Com o propósito de frear o que chamam de *expansão russa*, os Estados Unidos planejavam enviar mais de 4 mil tropas e 2 mil carros de combate (tanques). Além disso, a 3ª Brigada da 4ª Divisão de Infantaria estava sendo enviada para as fronteiras da Rússia. Segundo o Global Research, esse processo seria um dos maiores desdobramentos militares dos Estados Unidos para a região nos últimos anos. Além dos esforços americanos, a Alemanha enviou mais de 20 carros de combate e 100 outros veículos, bem como o 122º Batalhão de Infantaria. No plano político, o Congresso Americano aprovou recursos para aumentar as capacidades militares da Otan na Europa. Ainda nos últimos momentos do governo Obama, em janeiro de 2017, chegou à Polônia uma brigada estadunidense blindada, com o objetivo de participar da operação Atlantic Resolve.

Como visto neste estudo de caso, apesar do desenvolvimento do pensamento geopolítico e estratégico, as dinâmicas de competição estratégica entre potências continentais (Rússia) e marítimas (Estados Unidos) continuam ativas. A operação Atlantic Resolve pode ser entendida como uma ação de balanceamento duro (*hard balancing*) com vistas ao reforço da contenção para além dos limites do Rimland, de Nicholas Spykman. Assim sendo, a geopolítica, a geoestratégia e as políticas de contenção continuam tão atuais na política internacional como o eram no século XX.

Para concluir...

Iniciamos esta obra lançando luz sobre as íntimas relações entre espaço e poder. Da geografia humana e política à geopolítica, um edifício de ideias, conceitos e teorias foi erguido. Vimos que a geopolítica como a conhecemos não pode ser entendida sem nos atentarmos aos debates e conceitos da geografia política. Apesar da relevância da Escola Possibilista, ficou claro que o determinismo geográfico alemão marcou profundamente o pensamento geopolítico de Kjellén a Haushofer. Podemos concluir também que a geopolítica é uma ciência bifronte: de um lado, é vista como acadêmica, cujo compromisso é o saber; de outro, serve ao poder, àqueles que buscam alcançá-lo ou preservá-lo.

Essa compreensão ficou clara ao longo do segundo capítulo. Vimos que a geopolítica cada vez mais se articulava com o pensamento estratégico de seu tempo. Com isso, as teorias da geopolítica explanavam sobre expressões territoriais do poder nacional. Do Heartland de Mackinder ao Rimland de Spykman e à "área de decisão" de Seversky, o espaço – em suas três dimensões – é passível de ser conquistado pela vontade humana.

Essa necessidade de conquista se liga à vitória militar e à realização dos objetivos políticos do Estado. Geopolítica e guerra mostram-se para nós como dois aspectos inseparáveis da realidade internacional. No Capítulo 3, adentramos nessa seara ao pôr teóricos da geopolítica diante da geoestratégia e de importantes pensadores militares, como Clausewitz, Mahan e Douhet. Contudo, aqueles que discordam dessa articulação umbilical entre a geopolítica e a guerra não tardaram em aparecer.

No Capítulo 4, avaliamos como geopolíticos da safra de Henri Lefebvre e John Agnew começaram a pensar a geopolítica não mais a serviço do *status quo*, mas como uma ferramenta de contestação e emancipação. Vimos que o nascimento da geopolítica crítica ocorreu em diálogo com tradições importantes nas ciências sociais. Marxismo, imperialismo e a perspectiva crítica deram um fôlego importante à geopolítica durante a Guerra Fria e após a globalização nos anos 1990.

No Capítulo 5, ressaltamos que as explicações da geopolítica crítica passaram a sofrer disputa por parte de novos paradigmas, como o *civilizacional*, de Huntington, e o do centro funcional, de Barnett. Os tempos de indecisão e euforia que caracterizariam o *fim da história* são, na verdade, palco de novos conflitos e do ressurgimento de dinâmicas adormecidas. Diante desse cenário, nenhuma aliada seria tão útil para enfrentar a tempestade como a geopolítica.

Finalizamos este livro com a certeza de que a geopolítica está mais viva do que nunca. Do alto da posição de liderança e preponderância dos Estados Unidos à ascensão da China e ao ressurgimento da Rússia no cenário geoestratégico do século XXI, percebemos a relevância de voltarmos às leituras de autores como Mahan, Mackinder, Spykman, Lacoste e Brzezinski.

Por fim, sugerimos a você algumas questões. Em seu entendimento, persiste a relevância da geopolítica em nossos dias? O pensamento estratégico, como visto no decorrer destas páginas, está, enfim, obsoleto? Podemos falar de uma Segunda Guerra Fria? Nosso intuito é que esta obra seja não apenas um manual, mas um aliado no desafio de pensar a geopolítica na contemporaneidade.

Referências

AGNEW, J. A nova configuração do poder global. **Caderno CRH**, Salvador, v. 21, n. 53, p. 207-219, maio/ago. 2008. Disponível em: <http://www.scielo.br/scielo.php?script=sci_arttext&pid=S0103-49792008000200002&lng=en&nrm=iso&tlng=pt>. Acesso em: 2 mar. 2017.

_____. **Geopolitics**: Re-visioning World Politics. 2. ed. New York: Routledge, 2003.

ANDRADE, M. C. de. **Geopolítica do Brasil**. 2. ed. São Paulo: Ática, 1993.

ARON, R. **As etapas do pensamento sociológico**. 5. ed. São Paulo: M. Fontes, 1999.

ARRIGHI, G. **O longo século XX**: dinheiro, poder e as origens do nosso tempo. Rio de Janeiro: Contraponto; São Paulo: Ed. da Unesp, 1996.

BALDWIN, D. A. Power and International Relations. In: CARLSNAES, W.; RISSE, T.; SIMMONS, B. A. **Handbook of International Relations**. London: Sage Publication, 2003. p. 177-191.

BARNETT, T. P. M. **The Pentagon's New Map:** War and Peace in the Twenty-First Century. 2003. Disponível em: <http://thomaspmbarnett.com/low-resolution-map/>. Acesso em: 25 jan. 2017.

_____. Why the Pentagon Changes its Maps: and Why We'll Keep Going to War. **Esquire Magazine Online Edition**, 10 Sept. 2016. Disponível em: <http://www.esquire.com/news-politics/a1546/thomas-barnett-iraq-war-primer/>. Acesso em: 25 jan. 2017.

BBC. **History**: Bismarck and Unification. 2014. Disponível em: <http://www.bbc.co.uk/bitesize/higher/history/nationalism/unification/revision/3/>. Acesso em: 25 jan. 2017.

_____. **Why is the South China Sea Contentious?** 12 Jul. 2016. Disponível em: <http://www.bbc.com/news/world-asia-pacific-13748349>. Acesso em: 2 mar. 2017.

BBC Brasil. **Crimeia pede para fazer parte da Rússia; entenda com mapas a crise**. 6 mar. 2014. Disponível em: <http://www.bbc.com/portuguese/noticias/2014/03/140304_mapas_ucrania_lk_vj>. Acesso em: 25 jan. 2017.

BONFIM, U. C. **Geopolítica**: curso de política, estratégia e alta administração do Exército. Rio de Janeiro: Eceme, 2005.

BRODIE, B. (Ed.). **The Absolute Weapon**: Atomic Power and World Order. New York: Harcourt, Brace and Company, 1946.

BROWN, C.; NARDIN, T.; RENGGER, N. (Ed.). **International Relations in Political Thought**: Texts from the Ancient Greeks to the First World War. 2. ed. Cambridge: Cambridge University Press, 2003.

BRZEZINSKI, Z. **EUA × URSS**: o grande desafio. Rio de Janeiro: Nórdica, 1989.

_____. **The Grand Chessboard**: American Primacy and its Geostrategic Imperatives. New York: Basic Books, 1998.

BULL, H. **A sociedade anárquica**. Tradução de Sérgio Bath. Brasília: Ed. da UnB; Ipri; São Paulo: Imprensa Oficial do Estado de São Paulo, 2002. (Coleção Clássicos Ipri).

CAIRO, H. A América Latina nos modelos geopolíticos modernos: da marginalização à preocupação com sua autonomia. **Caderno CRH**, Salvador, v. 21, n. 53, p. 221-237, maio/ago. 2008. Disponível em: <http://www.scielo.br/scielo.php?script=sci_arttext&pid=S0103-49792008000200003>. Acesso em: 2 mar. 2017.

CASTRO, T. de. **Geopolítica**: princípios, meios e fins. Rio de Janeiro: Biblioteca do Exército, 1999.

CHETERIAN, V. "Revoluções" à moda do Leste. **Le Monde Diplomatique Brasil**, 1º nov. 2005. Disponível em: <https://www.diplomatique.org.br/?s=à+moda+do+Leste>. Acesso em: 22 set. 2016.

CLAUSEWITZ, C. von. **Da guerra**. 3. ed. São Paulo: WMF Martins Fontes, 2010.

COHEN, E. Technology and Warfare. In: BAYLIS, J. et al. (Org.). **Strategy in the Contemporary World**: an Introduction to Strategic Studies. 3. ed. Oxford: Oxford University Press, 2010. p. 141-160.

COSTA, W. M. da. **Geografia política e geopolítica**: discursos sobre o território e o poder. São Paulo: Edusp, 2008.

COX, R. W. Social Forces, States and the World Orders: beyond International Relations Theory. **Millenium**, v. 10, n. 2, p. 126-155, 1981.

CREVELD, M. van. **The Art of War**: War and Military Thought. London: Smithsonian Books/Collins, 2005.

CROWL, P. A. A. T. Mahan: o historiador naval. In: PARET, P. (Org.). **Construtores da estratégia moderna**: de Maquiavel à era nuclear. Tradução de Joubert de Oliveira Brízida. Rio de Janeiro: Biblioteca do Exército, 2001. Tomo 1. p. 589-631.

DAHLMAN, C. T. Sovereignty. In: GALLAHER, C. et al. **Key Concepts in Political Geography**. London: Sage Publications, 2009a. p. 28-40.

DAHLMAN, C. T. Territory. In: GALLAHER, C. et al. **Key Concepts in Political Geography**. London: Sage Publications, 2009b. p. 77-86.

DEUTSCH, K. W. et al. **Political Community and the North Atlantic Area**. 2. ed. Princeton: Princeton University Press, 1957.

DIAMOND, J. **Armas, germes e aço**: os destinos das sociedades humanas. 11. ed. Rio de Janeiro: Record, 2009.

DODDS, K. **Geopolitics**: a Very Short Introduction. Oxford: Oxford University Press, 2007.

DUARTE, É. E. **A independência norte-americana**: guerra, revolução e logística. Porto Alegre: Leitura XXI, 2013. (Série Estratégia, Defesa e Relações Internacionais).

DURAND, M.-F.; LÉVY, J. L.; RETAILLÉ, D. **Le monde**: espaces et systèmes. Paris: Presses de la Fondation Nationale des Sciences Politiques & Dalloz, 1992.

FLINT, C. **Introduction to Geopolitics**. New York: Routledge, 2006.

FOOT, R. Estratégias chinesas em uma ordem global hegemônica: acomodação e *hedging*. In: HURRELL, A. et al. **Os Brics e a ordem global**. Rio de Janeiro: Ed. da FGV, 2009. p. 125-151.

FREEDMAN, L. As duas primeiras gerações de estrategistas nucleares. In: PARET, P. (Org.). **Construtores da estratégia moderna**: de Maquiavel à era nuclear. Rio de Janeiro: Biblioteca do Exército, 2003. Tomo 2. p. 359-414.

FUKUYAMA, F. **The End of History and the Last Man**. New York: The Free Press; Toronto: Maxwell Macmillan Canada, 1992.

_____. The End of History? **The National Interest**, Summer 1989. Disponível em: <https://www.embl.de/aboutus/science_society/discussion/discussion_2006/ref1-22june06.pdf>. Acesso em: 25 jan. 2017.

GILMARTIN, M. Nation-State. In: GALLAHER, C. et al. **Key Concepts in Political Geography**. London: Sage Publications, 2009, p. 19-27.

GILPIN, R. **A economia política das relações internacionais**. Tradução de Sérgio Bath. Brasília: Ed. da UnB, 2002. (Coleção Relações Internacionais).

GORDON, J. **Will the U.S. Missile Defense System Shield Us from Rogue Regime ICBMs?** 1º mar. 2016. Disponível em: <http://drrichswier.com/2016/03/01/will-the-u-s-missile-defense-system-shield-us-from-rogue-regime-icbms/>. Acesso em: 25 jan. 2017.

GRAY, C. S. **The Geopolitics of Superpower**. Lexington: University Press of Kentuck, 1988.

HART, B. H. L. **Strategy**. 2. ed. New York: Meridian, 1991.

HUNTINGTON, S. P. **The Clash of Civilizations and the Remaking of World Order**. New York: Simon & Schuster, 1996.

HUNTINGTON, S. P. The Lonely Superpower. **Foreign Affairs**, v. 78, n. 2, Mar./Apr. 1999.

HURRELL, A. O ressurgimento do regionalismo na política mundial. **Contexto Internacional**, v. 1, n. 17, p. 23-59, 1995.

_____. The Regional Dimension in International Relations Theory. In: FARRELL, M.; HETTNE, B.; LANGENHOVE, L. van (Ed.). **Global Politics of Regionalism**: Theory and Practice. London: Pluto Press, 2005. p. 38-53.

IG SÃO PAULO. Veja o infográfico sobre o mundo nuclear. 27 set. 2013. Disponível em: <http://ultimosegundo.ig.com.br/mundo/2013-09-27/veja-o-infografico-sobre-o-mundo-nuclear.html>. Acesso em: 25 jan. 2017.

IISS – International Institute for Strategic Studies. **The Military Balance 2013**: the Annual Assessment of Global Military Capabilities and Defence Economics. London: Routledge, 2014.

IKENBERRY, G. J. The Ilusion of Geopolitics: the Enduring Power of the Liberal Order. **Foreign Affairs**, May/June 2014. [Foreign Affairs – the Best of 2014 Special Collection].

JERVIS, R. Cooperation Under the Security Dilemma. **World Politics**, v. 30, n. 2, p. 167-214, Jan. 1978. Disponível em: <http://www.sscnet.ucla.edu/polisci/faculty/trachtenberg/guide/jervissecdil.pdf>. Acesso em: 23 set. 2016.

KALDOR, M. **New & Old Wars**: Organized Violence in a Global Era. Stanford: Stanford University Press, 1999.

KAPLAN, R. D. **A vingança da geografia**: a construção do mundo geopolítico a partir da perspectiva geográfica. Rio de Janeiro: Elsevier, 2013.

_____. Center Stage for the 21st Century: Power Plays in the Indian Ocean. **Foreign Affairs**, p. 1-7, Mar./Apr. 2009. Disponível em: <http://www.foreignaffairs.com/articles/64832/robert-d-kaplan/center-stage-for-the-21st-century>. Acesso em: 25 jan. 2017.

KEEGAN, J. **Uma história da guerra**. São Paulo: Companhia das Letras, 2006.

KENNAN, G. **The Charge in the Soviet Union (Kennan) to the Secretary of State**. [Telegram 861.00/02 – 2246]. Moscow, 22 Feb. 1946. Disponível em: <http://nsarchive.gwu.edu/coldwar/documents/episode-1/kennan.htm>. Acesso em: 25 jan. 2017.

KISSINGER, H. A. **O mundo restaurado**. 2. ed. Rio de Janeiro: J. Olympio, 1973.

KRAUTHAMMER, C. The Unipolar Moment. **Foreign Affairs**, v. 70, n. 1, 1990.

_____. The Unipolar Moment Revisited. **The National Interest**, p. 5-17, Winter 2002-2003. Disponível em: <http://belfercenter.ksg.harvard.edu/files/krauthammer.pdf>. Acesso em: 25 jan. 2017.

LACOSTE, Y. **La géographie, ça sert, d'abord, à faire la guerre**. Paris: Maspero, 1976.

LAFER, C. **A identidade internacional do Brasil e a política externa brasileira**: passado, presente e futuro. 2. ed. São Paulo: Perspectiva, 2004.

LAMPREIA, L. F. **Aposta em Teerã**: o acordo nuclear entre Brasil, Turquia e Irã. Rio de Janeiro: Objetiva, 2014.

LANTIS, J. S.; HOWLETT, D. Strategic Culture. In: BAYLIS, J.; WIRTZ, J. J.; GRAY, C. S. (Org.). **Strategy in the Contemporary World**: an Introduction to Strategic Studies. 3. ed. Oxford: Oxford University Press, 2010. p. 84-103.

LEFEBVRE, H. El estado moderno. **Geopolítica(s)**, v. 3, n. 1, p. 137-149, 2012. Disponível em: <http://dx.doi.org/ 10.5209/rev_GEOP.2012.v3.n1.40288>. Acesso em: 25 jan. 2017.

LÊNIN, V. I. **O imperialismo, fase superior do capitalismo**. Prefácio às edições francesa e alemã. 6 jul. 1920. Disponível em: <https://www.marxists.org/portugues/lenin/1916/imperialismo/prefacio.htm>. Acesso em: 25 jan. 2017.

_____. **O imperialismo, fase superior do capitalismo**. Prefácio. 26 abr. 1917. Disponível em: <https://www.marxists.org/portugues/lenin/1916/imperialismo/prefacio.htm>. Acesso em: 25 jan. 2017.

LIND, W. S. Compreendendo a guerra de quarta geração. **Military Review**, p. 12-17, jan./fev. 2005. Disponível em: <http://www.ecsbdefesa.com.br/fts/MR%20WSLind.pdf>. Acesso em: 25 jan. 2017.

MACFARLANE, Neil. O "r" dos Brics: a Rússia é uma potência emergente? In: HURRELL, A. et al. (Org.). **Os Brics e a ordem global**. Rio de Janeiro: Ed. da FGV, 2009. p. 75-99.

MACISAAC, D. Vozes do azul: teóricos do poder aéreo. In: PARET, P. (Org.). **Construtores da estratégia moderna**: de Maquiavel à era nuclear. Rio de Janeiro: Biblioteca do Exército, 2003. Tomo 2. p. 139-152.

MACKINDER, H. J. **Democratic Ideals and Reality**: a Study in the Politics of Reconstruction. London: Contable and Company LTD, 1919.

_____. The Geographical Pivot of History (1904). **The Geographical Journal**, v. 170, n. 4, p. 298-321, Dec. 2004.

MARX, K.; ENGELS, F. Manifesto do Partido Comunista. **Estudos Avançados**, São Paulo, v. 12, n. 34, set./dez. 1998. Disponível em: <http://www.scielo.br/scielo.php?script=sci_arttext&pid=S0103-40141998000300002>. Acesso em: 25 jan. 2017.

MASTERS, J. The North Atlantic Treaty Organization (Nato). **Council on Foreign Relations**, 17 Feb. 2016. Disponível em: <http://www.cfr.org/nato/north-atlantic-treaty-organization-nato/p28287>. Acesso em: 25 jan. 2017.

MATTLI, W. **The Logic of Regional Integration**: Europe and beyond. Cambridge: Cambridge University Press, 1999.

MATTOS, C. de M. **Estratégias militares dominantes**: sugestões para uma estratégia militar brasileira. Rio de Janeiro: Biblioteca do Exército, 1986.

_____. **Geopolítica e modernidade**: geopolítica brasileira. Rio de Janeiro: Biblioteca do Exército, 2002.

MEAD, W. R. The Return of Geopolitics: the Revenge of the Revisionist Powers. **Foreign Affairs**, May/June 2014. [Foreign Affairs – the Best of 2014 Special Collection].

MEARSHEIMER, J. J. China's Unpeaceful Rise. **Current History**, p. 160-162, Apr. 2006.

_____. **The Tragedy of Great Power Politics**. New York/London: WW Norton & Company, 2001.

MELLO, L. I. A. **Argentina e Brasil**: a balança de poder no Cone Sul. São Paulo: Annablume, 1996.

_____. **Quem tem medo da geopolítica?** São Paulo: Hucitec/Edusp, 1999.

MICHAELIS. Disponível em: <http://michaelis.uol.com.br/moderno-portugues/>. Acesso em: 25 jan. 2017.

MORAN, D. Geography and Strategy. In: BAYLIS, J.; WIRTZ, J. J.; GRAY, C. S. (Org.). **Strategy in the Contemporary World**: an Introduction to Strategic Studies. 3. ed. Oxford: Oxford University Press, 2010. p. 124-140.

MOUNTZ, A. Border. In: GALLAHER, C. et al. **Key Concepts in Political Geography**. London: Sage Publications, 2009. p. 198-209.

NATIONAL GEOSPATIAL-INTELLIGENCE AGENCY. **The World with Commanders' Areas of Responsibility**. 2011. Disponível em: <http://www.defense.gov/DesktopModules/SiteRegistry/Templates/DGOV/UCP_2011_Map4.pdf>. Acesso em: 25 jan. 2017.

NYE JR., J. S. **The Paradox of American Power**: Why the World's Only Superpower Can't Go It Alone. Oxford: Oxford University Press, 2002.

PAUL, T. V.; WIRTZ, J. J.; FORTMANN, M. (Ed.). **Balance of Power**: Theory and Practice in the 21st Century. Stanford: Stanford University Press, 2004.

PRECIADO, J. América Latina no sistema-mundo: questionamentos e alianças centro-periferia. **Caderno CRH**, Salvador, v. 21, n. 53, p. 253-268, maio/ago. 2008.

PROENÇA JR., D.; DINIZ, E.; RAZA, S. G. **Guia de estudos de estratégia**. Rio de Janeiro: J. Zahar, 1999.

REKACEWICZ, P. Ingérences **étatsuniennes**. **Le Monde Diplomatique**, Cartes, Jan. 1995. Disponível em: <https://www.monde-diplomatique.fr/cartes/amcentetatsunis>. Acesso em: 25 jan. 2017.

REKACEWICZ, P. Verrouillage stratégique de l'Océan Indien. **Le Monde Diplomatique**, Cartes, Nov. 2008. Disponível em: <http://www.monde-diplomatique.fr/cartes/oceanindien>. Acesso em: 25 jan. 2017.

SAID, E. W. The Clash of Ignorance. **The Nation.**, New York, 4 Oct. 2001. Disponível em: <https://www.thenation.com/article/clash-ignorance/>. Acesso em: 25 jan. 2017.

SAINT-PIERRE, H. L. **A política armada**: fundamentos da guerra revolucionária. São Paulo: Unesp, 2000.

SEMPA, F. P. The Geopolitical Vision of Alfred Thayer Mahan. **The Diplomat**, 30 Dec. 2014. Disponível em: <http://thediplomat.com/2014/12/the-geopolitical-vision-of-alfred-thayer-mahan/>. Acesso em: 25 jan. 2017.

SPYKMAN, N. J. **Estados Unidos frente al mundo**. México: Fondo de Cultura Económica, 1944.

SOLIS, D. The Power of Geopolitical Discourse. **Geopolitica**: Il Sito di Notizie e Analisi Dell'Isag Online, 4 set. 2015. Disponível em: <http://www.geopolitica-online.com/29240/the-power-of-geopolitical-discourse>. Acesso em: 25 jan. 2017.

STRACHAN, H. **Sobre a guerra de Clausewitz**: uma biografia. Rio de Janeiro: J. Zahar, 2008. (Coleção Livros que Mudaram o Mundo).

STRATFOR. **Why Civilizations Really Clash**. 10 Jan. 2016. Disponível em: <https://www.stratfor.com/sample/analysis/why-civilizations-really-clash>. Acesso em: 25 jan. 2017.

THAROOR, I. Map: Russia's Expanding Empire in Ukraine and Elsewere. **The Washington Post**, 5 Sept. 2014. Disponível em: <https://www.washingtonpost.com/news/worldviews/wp/2014/09/05/map-russias-expanding-empire-in-ukraine-and-elsewhere/>. Acesso em: 25 jan. 2017.

U.S. NAVAL WAR COLLEGE. **History**. Disponível em: <https://www.usnwc.edu/About/History.aspx>. Acesso em: 25 jan. 2017.

USPACOM – U.S. Pacific Command. **Uspacom Area of Responsability**. Disponível em: <http://www.pacom.mil/AboutUSPACOM/USPACOMAreaofResponsibility.aspx>. Acesso em: 25 jan. 2017.

VILLA, R. D. Mackinder: repensando a política internacional contemporânea. **Revista de Sociologia e Política**, Curitiba, n. 14, p. 195-199, jun. 2000.

VIZENTINI, P. F. **As relações internacionais da Ásia e da África**. Petrópolis: Vozes, 2007. (Coleção Relações Internacionais).

WALLANDER, C. A.; KEOHANE, R. O. Risk, Threat, and Security Institutions. In: HAFTENDORN, H.; KEOHANE, R. O.; WALLANDER, C. A. (Ed.). **Imperfect Unions**: Security Institutions over Time and Space. Oxford: Oxford University Press, 1999. p. 40-47.

WALLERSTEIN, I. **World-Systems Analysis**: an Introduction. London: Duke University Press, 2004.

WALTON, C. D. The Second Nuclear Age: Nuclear Weapons in the Twenty-First Century. In: BAYLIS, J.; WIRTZ, J. J.; GRAY, C. S. (Ed.). **Strategy in the Contemporary World**: an Introduction to Strategic Studies. 3. ed. Oxford: Oxford University Press, 2010. p. 208-226.

WALTZ, K. N. **Teoria das relações internacionais**. Lisboa: Gradiva, 2002.

WILLIAMS, P. D. War. In: WILLIAMS, P. D. (Ed.). **Security Studies**: an Introduction. London/New York: Routledge, 2008, p. 151-170.

WILSON CENTER. **George Kennan's "Long Telegram"**. 22 Feb. 1946. Disponível em: <http://digitalarchive.wilsoncenter.org/document/116178>. Acesso em: 25 jan. 2017.

WOHLFORTH, W. C. The Stability of a Unipolar World. **International Security**, v. 24, n. 1, p. 5-41, Summer 1999.

WRIGHT, R. The Clash of Civilizations that Ins't. **The New Yorker**, 25 Feb. 2015. Disponível em: <http://www.newyorker.com/news/news-desk/clash-civilizations-isnt>. Acesso em: 25 jan. 2017.

ZAKARIA, F. **O mundo pós-americano**. São Paulo: Companhia das Letras, 2008.

Respostas

Capítulo 1

1. e
2. c
3. b
4. A interdisciplinaridade da geopolítica é representada pela tríade geografia-história-ciência política. A geopolítica como ciência se constrói num permanente diálogo com a geografia política e seus debates teóricos, a incorporação da história e de seus processos na conformação de Estados, nações e dilemas e a problematização da política de poder à luz do pensamento político e da ciência política. Como exposto no decorrer do capítulo, a geopolítica foi desenvolvida por geógrafos de formação, cientistas políticos e historiadores.
5. Esses processos inspiraram o pensamento geopolítico de autores como Ratzel e Kjellén, expoentes da Escola Determinista. A expansão do território estadunidense pela América do Norte (corrida ao oeste e incorporação de parte do norte do México) foi representativa do processo de amalgamação, da luta entre culturas distintas e da realização de objetivos geopolíticos, como o espaço vital. De forma similar, no teatro europeu, a consolidação do Estado alemão ilustrou ao pensamento geopolítico vindouro esses processos que ocorreram no Novo Mundo, relacionando a força e a vitalidade de tais acontecimentos à formulação de "leis" sobre o comportamento dos Estados. A geopolítica clássica beneficiou-se desse desenvolvimento teórico pela forte articulação entre Estado, poder, geografia e história. A consolidação de uma Escola Determinista com teorias próprias seria a base reflexiva para teorias geopolíticas tanto em Kjellén quanto em Mackinder.

Capítulo 2

1. c
2. b
3. b
4. Na perspectiva dos Estados Unidos, a Guerra do Vietnã foi um conflito da Guerra Fria. Situado no Sudeste Asiático, o Vietnã estava dividido entre o Sul (capitalista) e o Norte (comunista). Em virtude da guerra civil, existia a possibilidade de unificação do país por parte dos comunistas. Segundo a teoria da contenção e a teoria do efeito dominó, era fundamental impedir que estes controlassem o Vietnã. A teoria do Rimland nos ajuda a compreender que as superpotências da Guerra Fria passaram a dar significativa importância às áreas de franja da Eurásia. O controle dessas áreas era essencial para o acesso aos mares quentes (por parte da URSS) e também para conter o ímpeto expansionista das potências continentais. Dessa forma, a contribuição de Nicholas Spykman, embora fortemente amparada na experiência histórica da Segunda Guerra Mundial, influenciaria um conjunto de teorias e doutrinas de política externa válidas nos dias atuais, em particular a teoria da contenção.
5. Com base na experiência da Segunda Guerra Mundial, Halford Mackinder observou a necessidade do emprego da balança de poder como mecanismo de gerenciamento dos assuntos europeus. Apesar de ter postulado tal posição nos anos 1900, com ênfase no protagonismo britânico, o conceito de Oceano Central (Midland Ocean) representa a incorporação expressiva dos Estados Unidos e do Atlântico Norte no tabuleiro de xadrez mackinderiano. Assim, potências do Crescente Exterior tornavam-se fundamentais para o equilíbrio de poder europeu, sendo centrais para conter o ímpeto expansionista de potências continentais revisionistas.

Capítulo 3

1. d
2. b
3. e
4. Como observado no Capítulo 2, Mackinder propôs um esquema geopolítico cuja orientação consistia em conter a expansão de potências continentais: inicialmente, os Impérios Russo e Alemão e, posteriormente, as potências do Eixo, durante a Segunda Guerra Mundial. A fim de romper esse cerco intelectual, Haushofer sugeriu um esquema geopolítico que articulava potências não tradicionais: países emergentes no palco das grandes potências no início do século XX (Estados Unidos, Japão, Rússia e Alemanha). Dessa forma, propôs o reconhecimento de suas áreas de influência regional, organizando um quadro multipolar, em que a Alemanha apresentaria um papel protagônico na Eurásia.

5. Fortemente influenciados pelos eventos da Segunda Guerra Mundial, Mitchell e Seversky reformularam a teoria do poder aéreo. Distintamente da perspectiva de Douhet com relação aos bombardeios estratégicos, Mitchell propôs um perfil mais plural ao que seria o papel do poder aéreo. Para ele, ao lado da importância do bombardeio estratégico, era essencial haver uma aviação de caça e estabelecer capacidades de apoio aéreo aproximado. Apesar de advogar por uma força aérea "independente" nos Estados Unidos, Mitchell não descartava a relevância das operações conjuntas entre as forças singulares. Em seu turno, Seversky estabeleceu o diálogo do poder aéreo com a realidade da Guerra Fria, enfatizando especificamente os riscos da guerra nuclear e da era dos mísseis. Sua teoria do poder aéreo o sensibilizou para uma nova forma de visualizar o planisfério, com foco no polo norte. Ao contrário de Douhet, Seversky incorporou a articulação entre geopolítica e estratégia em sua ideia de zona (área) de decisão.

Capítulo 4

1. b
2. d
3. b
4. Yves Lacoste aproximava a geografia de sua época, bem como o pensamento geopolítico, às questões relevantes aos povos colonizados e em luta pela libertação nacional. Unindo o marxismo à geografia, apostava numa geopolítica que priorizasse a vertente norte-sul e a colocava como uma ciência a serviço da emancipação dos povos.
5. Tradicionalmente, o pensamento geopolítico colocou-se em favor do Estado, de seus projetos de expansão e acúmulo de poder e capacidades. A singularidade da geopolítica como uma ciência voltada para o exercício do poder é revista com a emergência, nos anos 1960 e 1970, das perspectivas críticas e marxistas na geografia e, posteriormente, na geopolítica. A ideia de emancipação versa sobre o entendimento marxista de cessão das relações de dominação, logrando a condição de liberdade dos indivíduos e dos povos para se desenvolverem. Nesse sentido, a geopolítica crítica altera o foco do Estado (grandes potências) para povos e países de independência recente numa ordem internacional cuja distribuição de poder é assimétrica e desigual.

Capítulo 5

1. b
2. b
3. c

4. A ideia de fim da história nasceu na filosofia hegeliana, compreendendo um momento em que as forças que avançavam a história parariam de agir. Essa condição ensejaria a prevalência de uma realidade política, econômica e social como única opção de organização das coletividades humanas. No contexto dos anos 1990, Francis Fukuyama argumentou que havia chegado ao fim da história como forma de salientar a vitória do capitalismo econômico e da democracia política sobre o socialismo. Nesse sentido, não havia alternativas além da adequação ao paradigma de mundo ocidental defendido pelos Estados Unidos. Mais de 20 anos se passaram desde a tese de Fukuyama, e os elementos apresentados no capítulo demonstram que os pilares civilizacionais do Ocidente continuam sendo contestados em várias partes do mundo, portanto não é possível falar em fim da história.

5. O triunfalismo do final da Guerra Fria levou autores a considerar, por exemplo, o fim da história e a possibilidade de resolução pacífica de disputas por meio de mecanismos multilaterais, regidos e arbitrados à luz do direito e de instituições internacionais. Apresentava-se uma era de prevalência liberal nos campos econômico e político. Contudo, passadas algumas décadas do chamado momento unipolar, forças tradicionais da política internacional, como a política e a balança de poder, mostram-se em patente operação em todos os cantos do globo. Desse modo, o uso político e instrumental da violência e o recurso à guerra como forma de resolução de questões internacionais não pertencem apenas ao passado. Assim, vários autores afirmam que, nas primeiras décadas do século XXI, retomamos a política internacional do século XIX, o que os levou a falar em retorno da geopolítica. Entretanto, a geopolítica, como prática e ciência, não saiu do palco internacional nem mesmo no pós-Guerra Fria.

Sobre o autor

Augusto W. M. Teixeira Júnior é doutor em Ciência Política pela Universidade Federal de Pernambuco (UFPE) na área de concentração de relações internacionais e linha de pesquisa em política internacional comparada. É mestre em Ciência Política e bacharel em Ciências Sociais pela mesma instituição. Atualmente, é coordenador do curso de graduação em Relações Internacionais da Universidade Federal da Paraíba (UFPB) e professor adjunto do Departamento de Relações Internacionais e do Programa de Pós-Graduação em Ciência Política e Relações Internacionais (PPGCPRI) da referida instituição. Também é líder do Grupo de Pesquisa em Estudos Estratégicos e Segurança Internacional (GEESI/UFPB/CNPq) e membro da Associação Brasileira de Estudos de Defesa (diretor financeiro, gestão 2014-2016). Palestrou em cursos de extensão e congressos acadêmicos do Ministério da Defesa (Brasil). Realiza pesquisas na área de concentração de relações internacionais, com foco nos seguintes temas: defesa e segurança internacional, geopolítica e métodos qualitativos aplicados às relações internacionais. Entre suas publicações constam artigos em periódicos e comunicações em anais de congressos.

Impressão:
Março/2017